ESTE CUADERNO PERTENECE A

Este cuaderno pertenece a

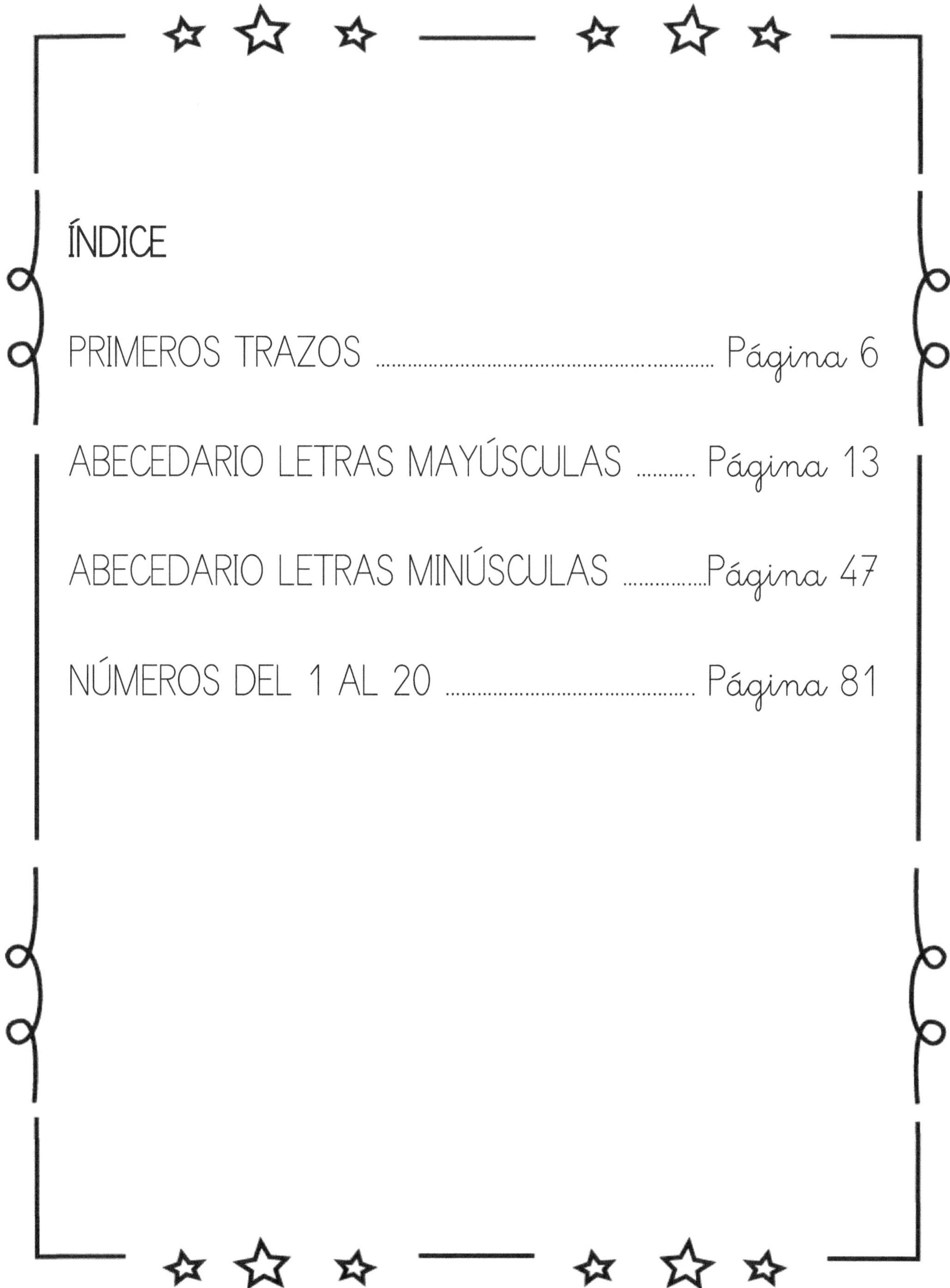

ÍNDICE

¡Psst, psst!
No olvides que en este libro se puede repasar y colorear
TODO

PRIMEROS TRAZOS

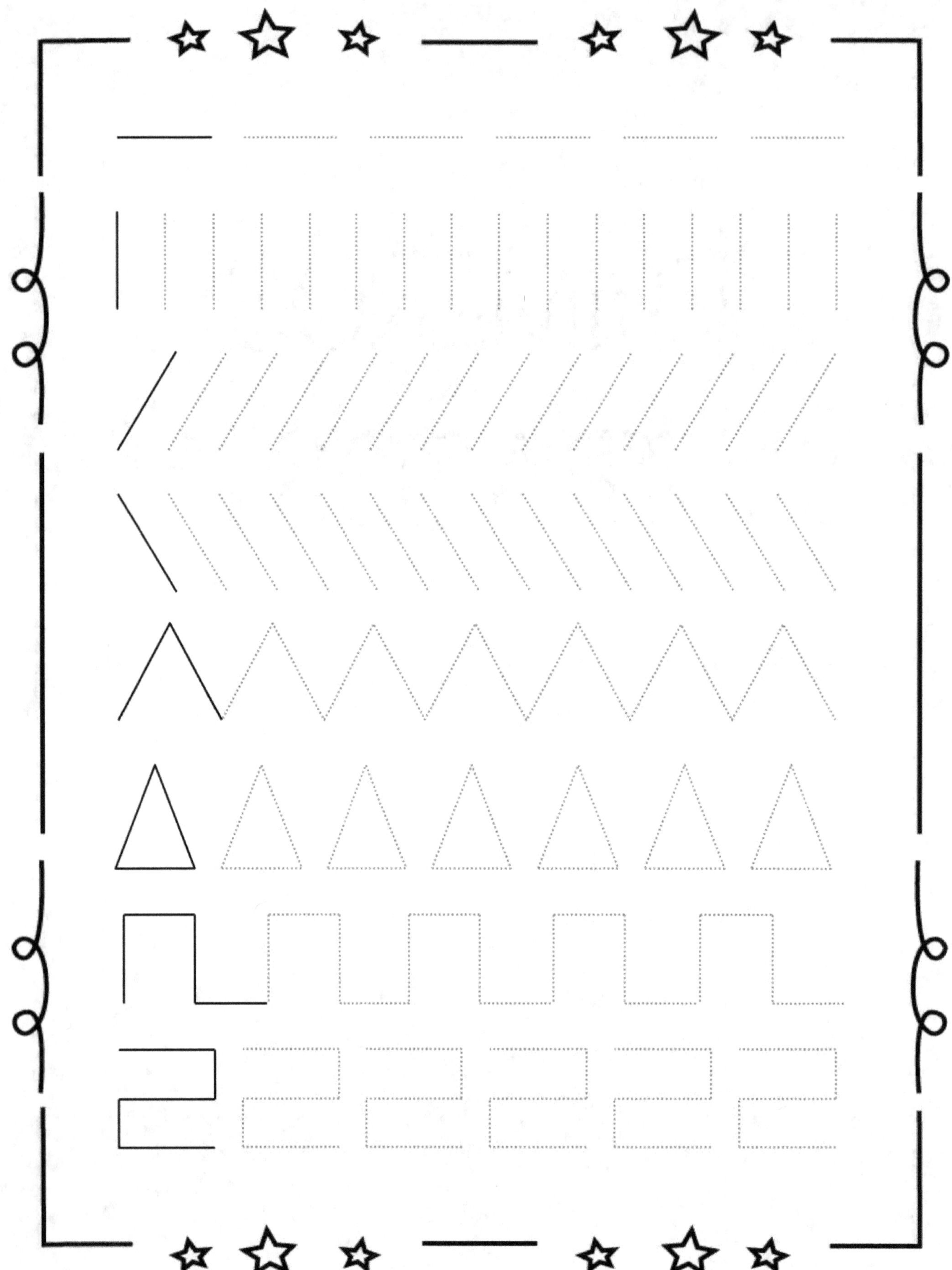

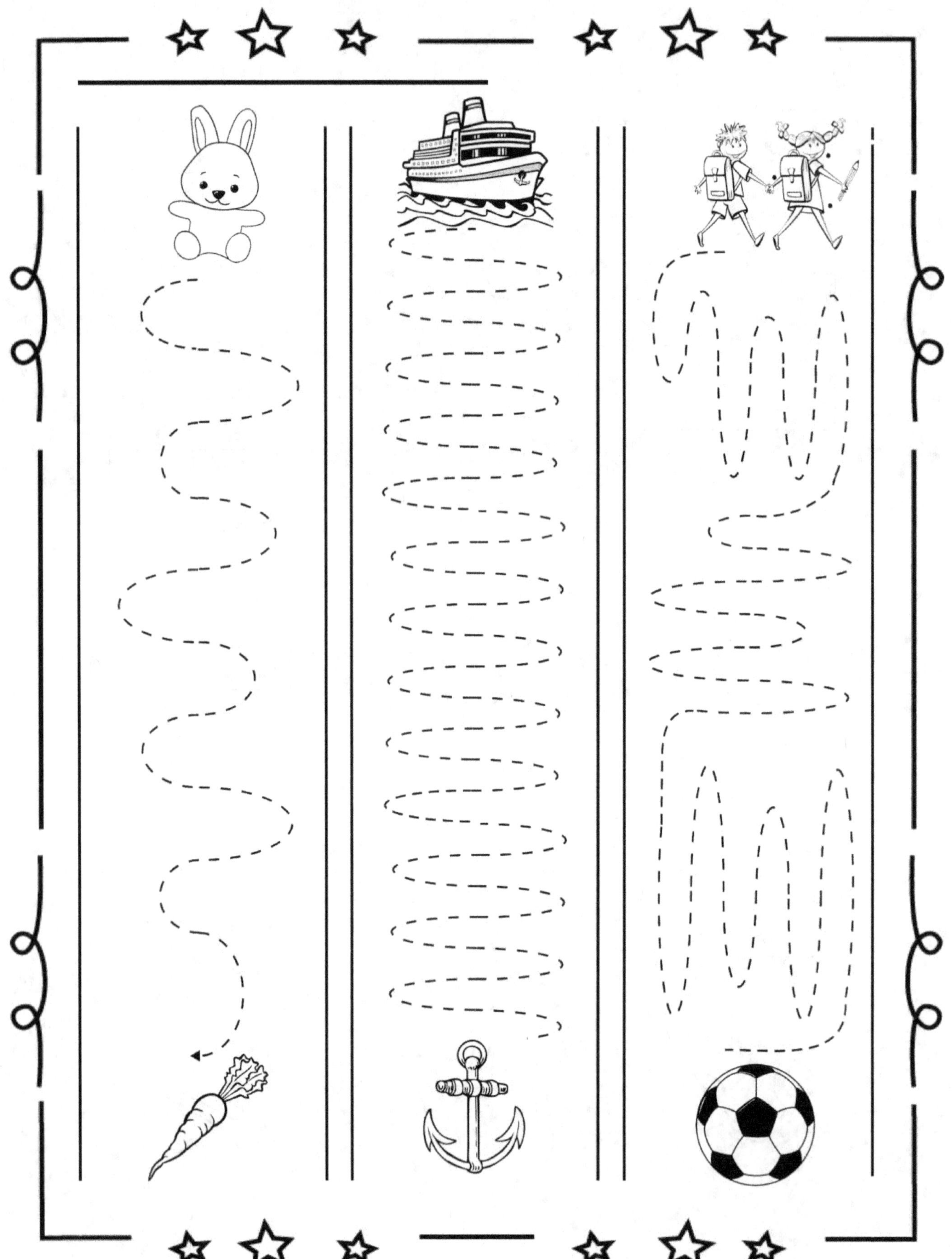

ABECEDARIO
LETRAS MAYÚSCULAS

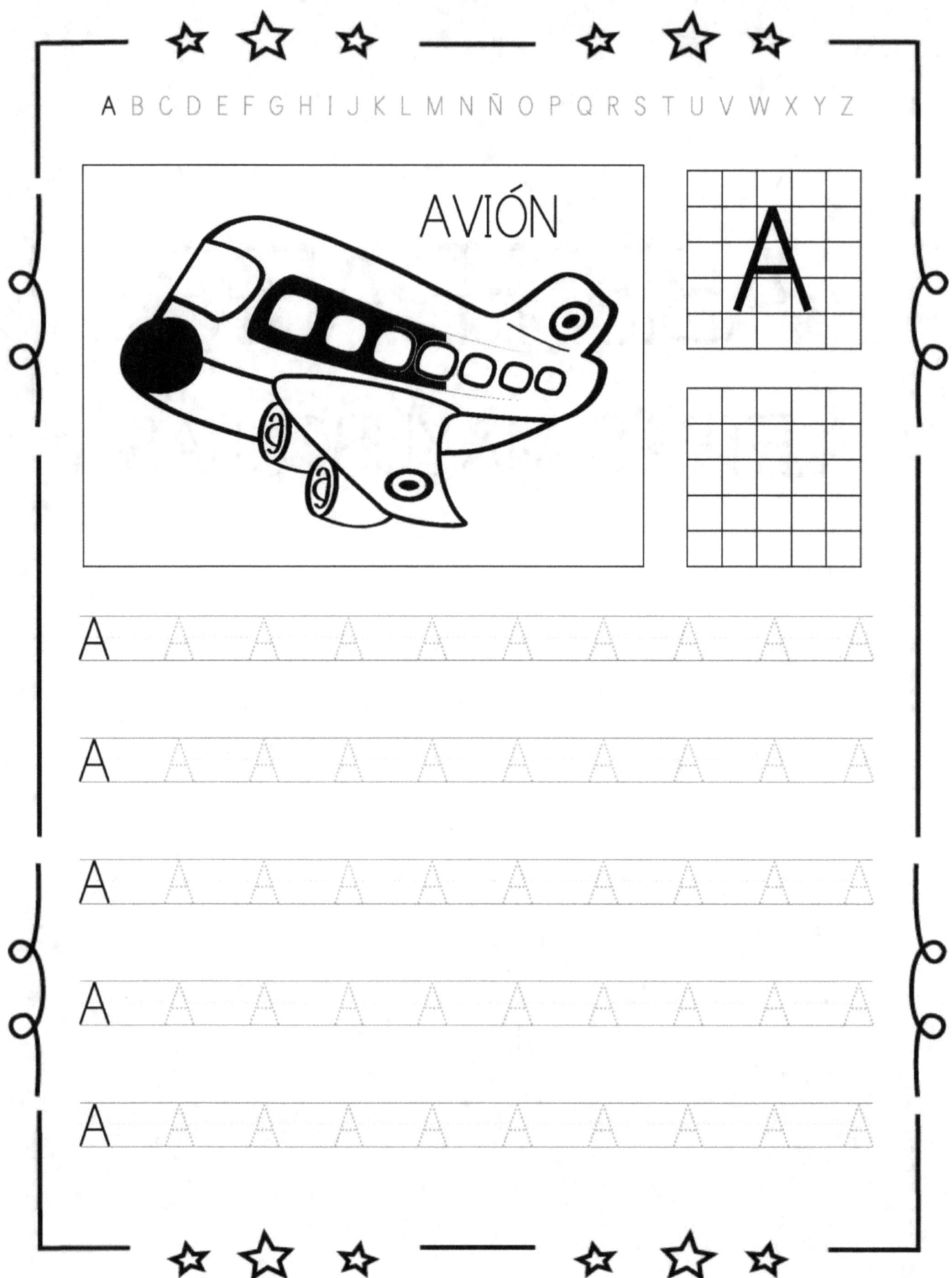

A A A A A A A A A A A A A A

A A A A A A A A A A A A A A

A A A A A A A A A A A A A A

A A A A A A A A A A A A A A

A A A A A A A A A A A A A A

A B C D E F G H I J K L M N Ñ O P Q R S T U V W X Y Z

BARCO

B

B B B B B B B B B B B B B

B B B B B B B B B B B B B

B B B B B B B B B B B B B

B B B B B B B B B B B B B

B B B B B B B B B B B B B

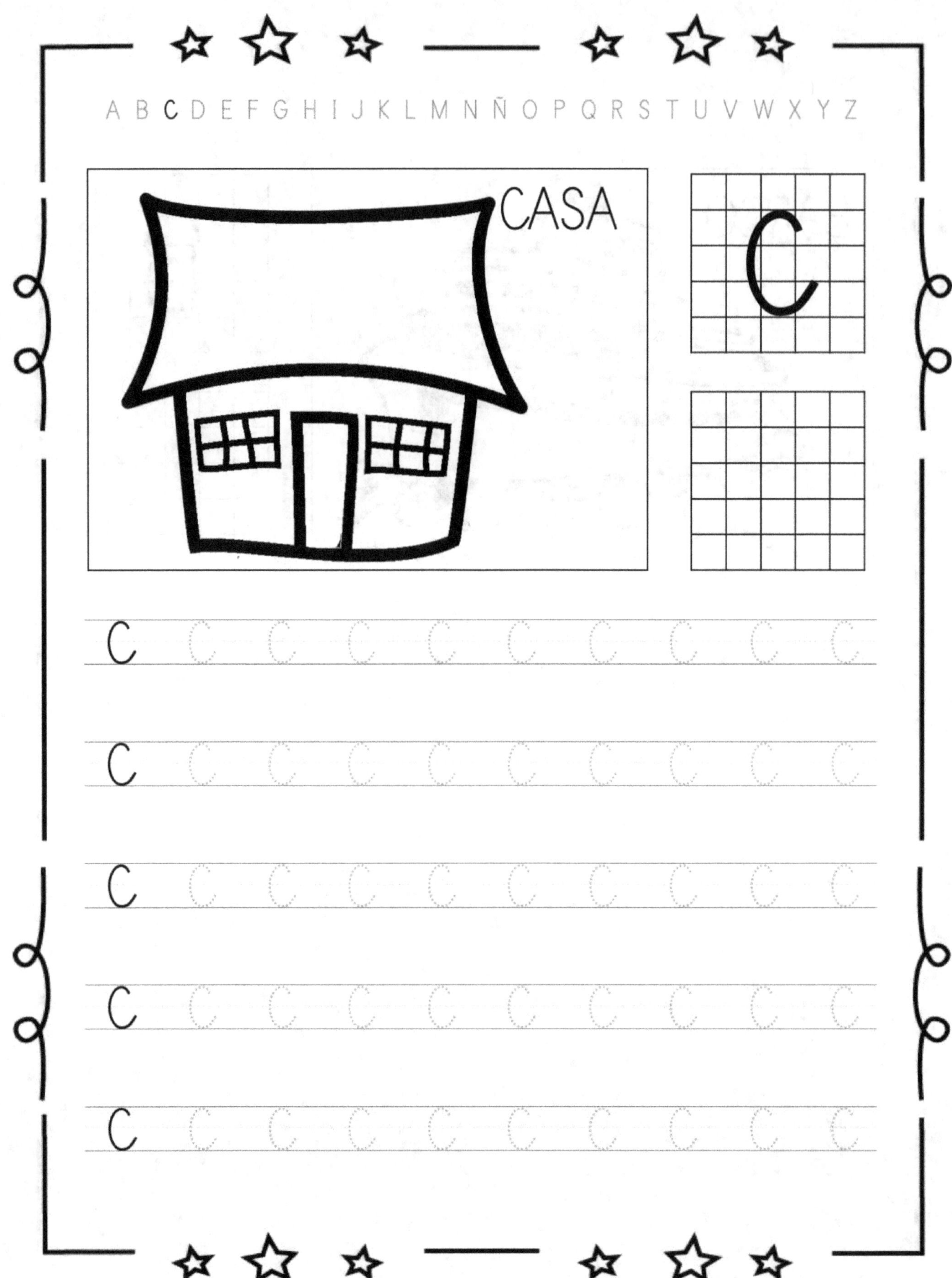

A B C D E F G H I J K L M N Ñ O P Q R S T U V W X Y Z
CASA
C

A B C **D** E F G H I J K L M N Ñ O P Q R S T U V W X Y Z

DADO

D

D D D D D D D D D D

D D D D D D D D D D

D D D D D D D D D D

D D D D D D D D D D

D D D D D D D D D D

A B C D E F G H I J K L M N Ñ O P Q R S T U V W X Y Z

ELEFANTE
E

A B C D E F G H I J K L M N Ñ O P Q R S T U V W X Y Z
FLOR
F
F
F
F
F

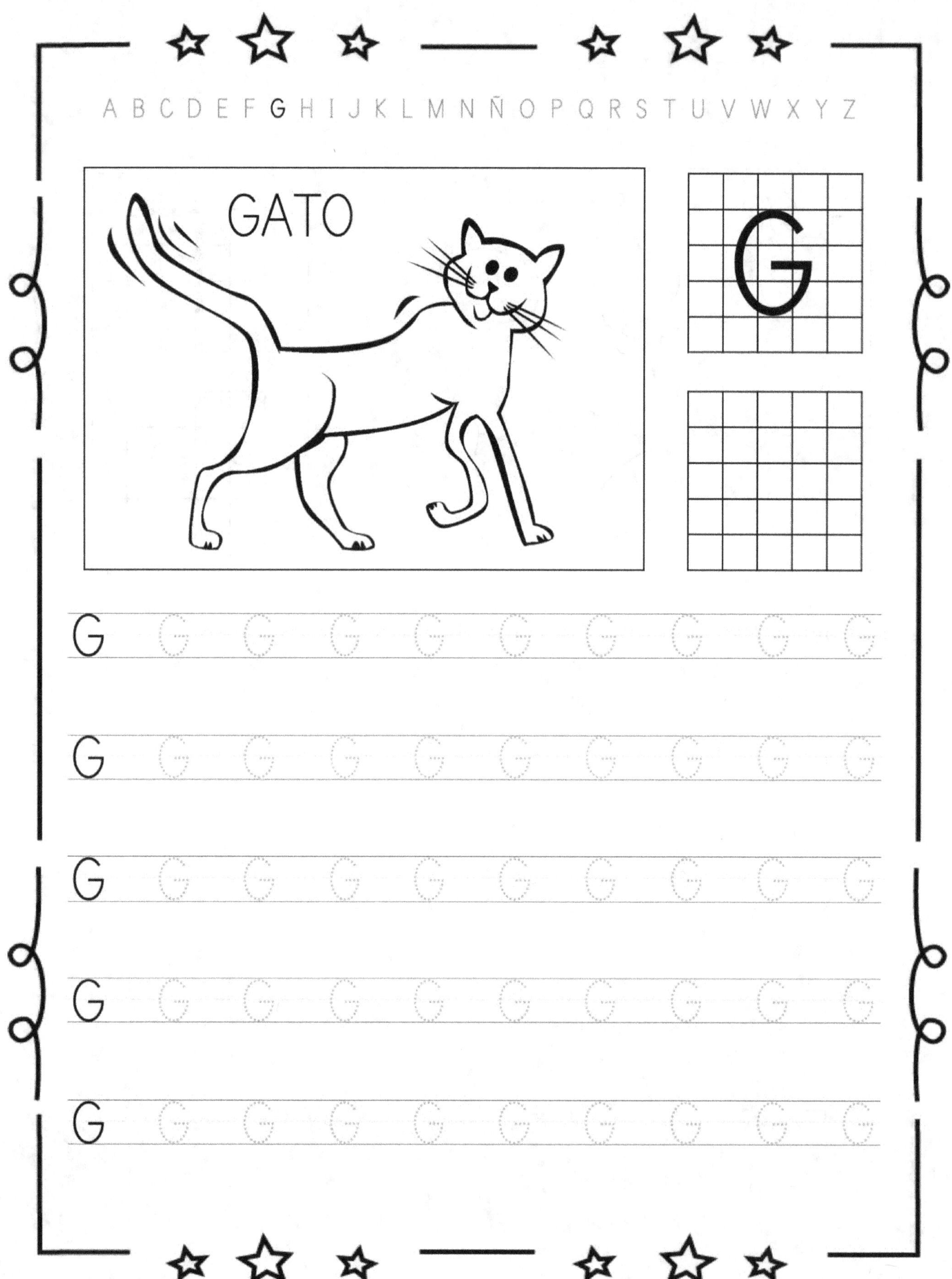

G
G
G
G
G

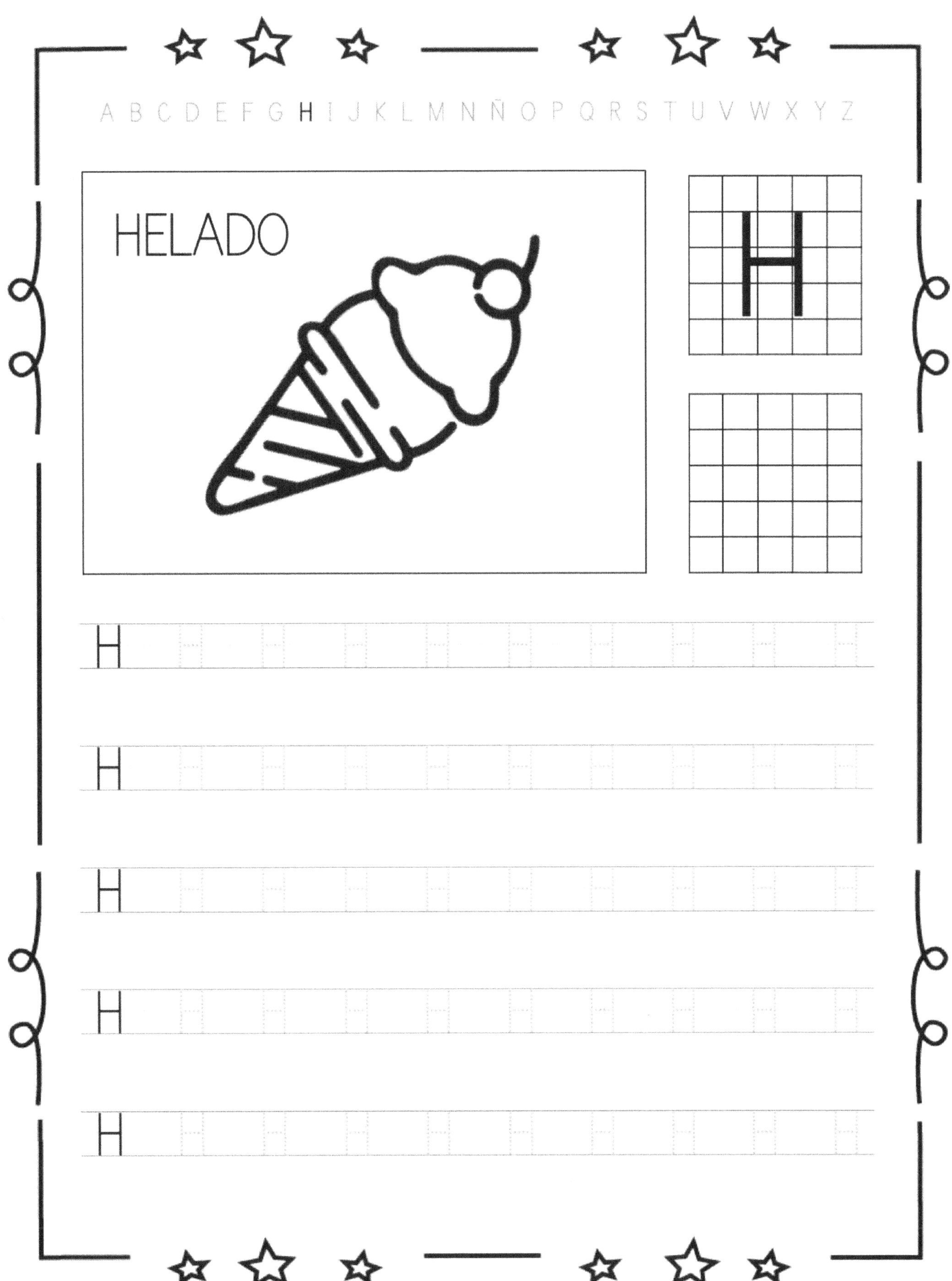

H
H
H
H
H

ISLA
I

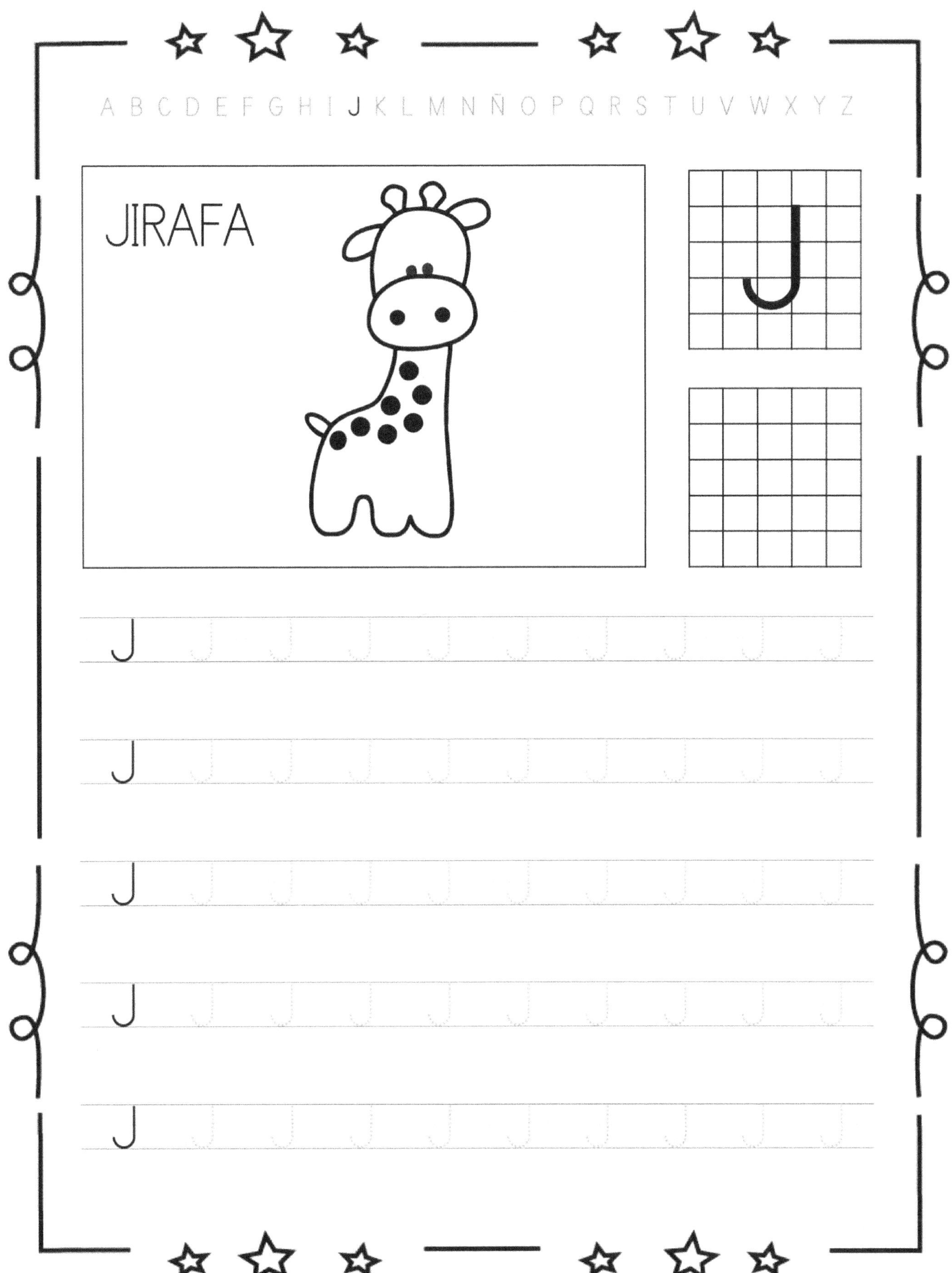

J

J

J

J

J

A B C D E F G H I J K L M N Ñ O P Q R S T U V W X Y Z
KOALA
K
K
K
K
K
K

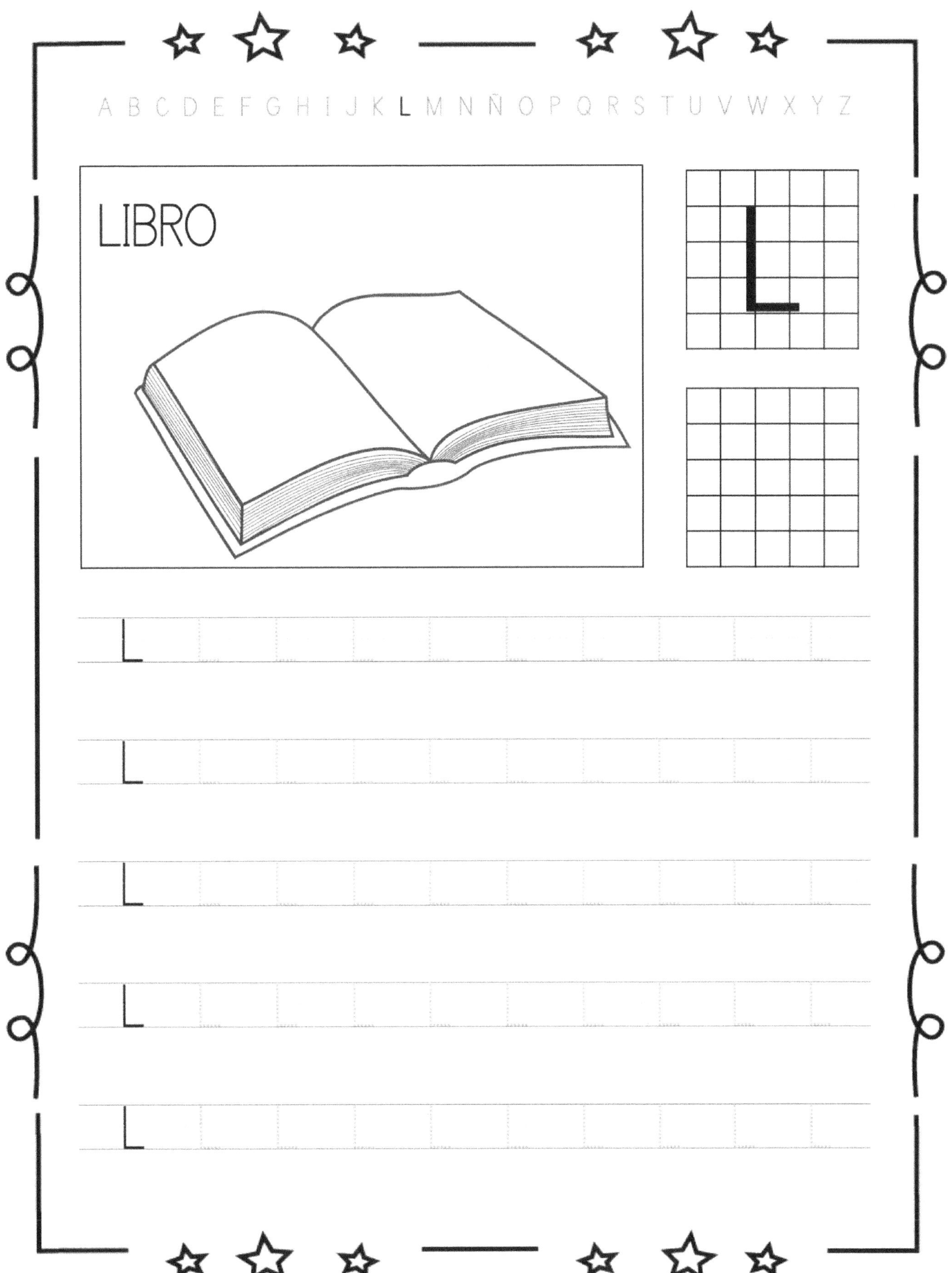
LIBRO
L

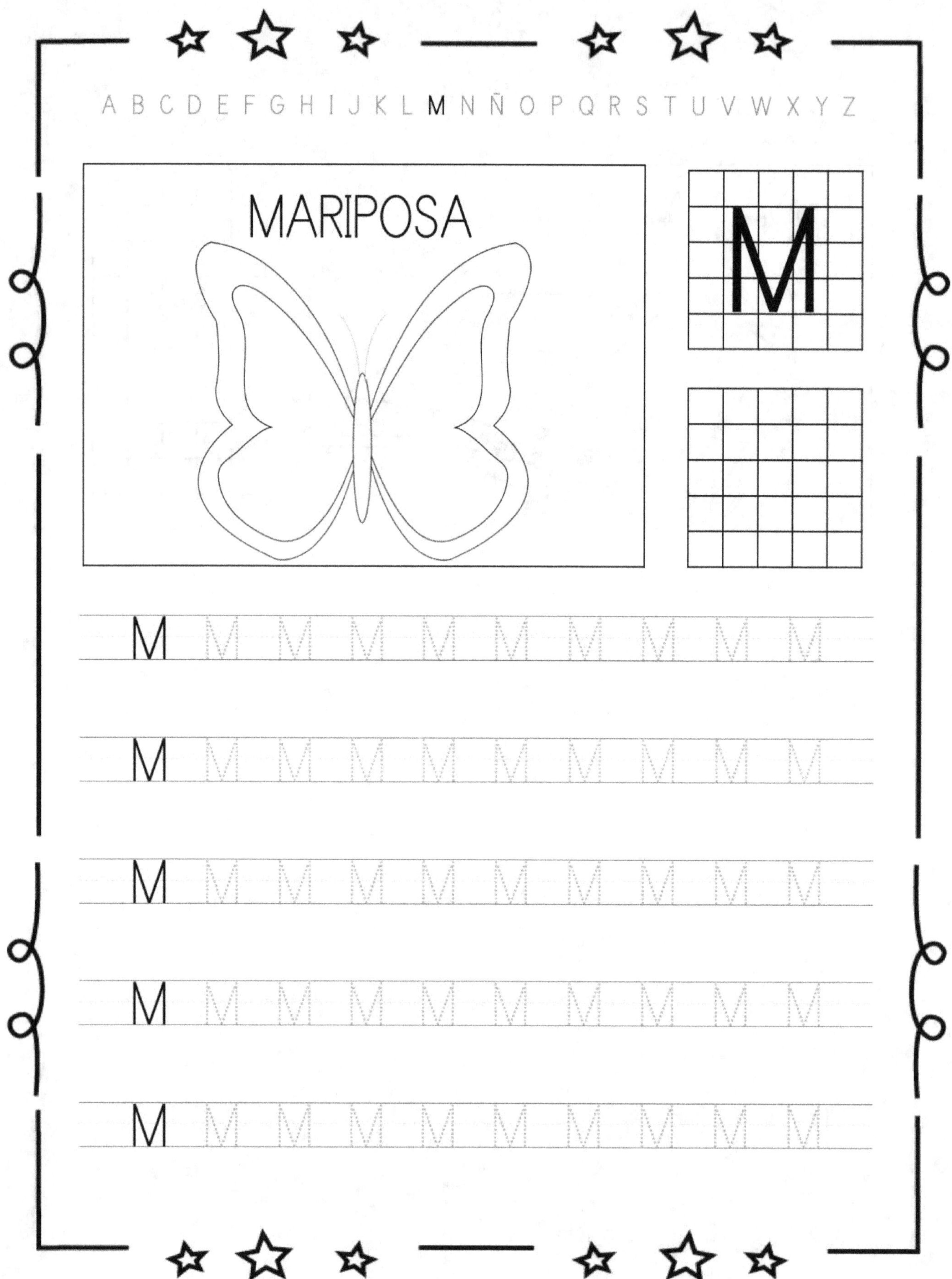

A B C D E F G H I J K L M N Ñ O P Q R S T U V W X Y Z

MARIPOSA

M

NAVE

N

N
N
N
N
N

Ñ
Ñ
Ñ
Ñ
Ñ

A B C D E F G H I J K L M N Ñ O P Q R S T U V W X Y Z
OVEJA
O

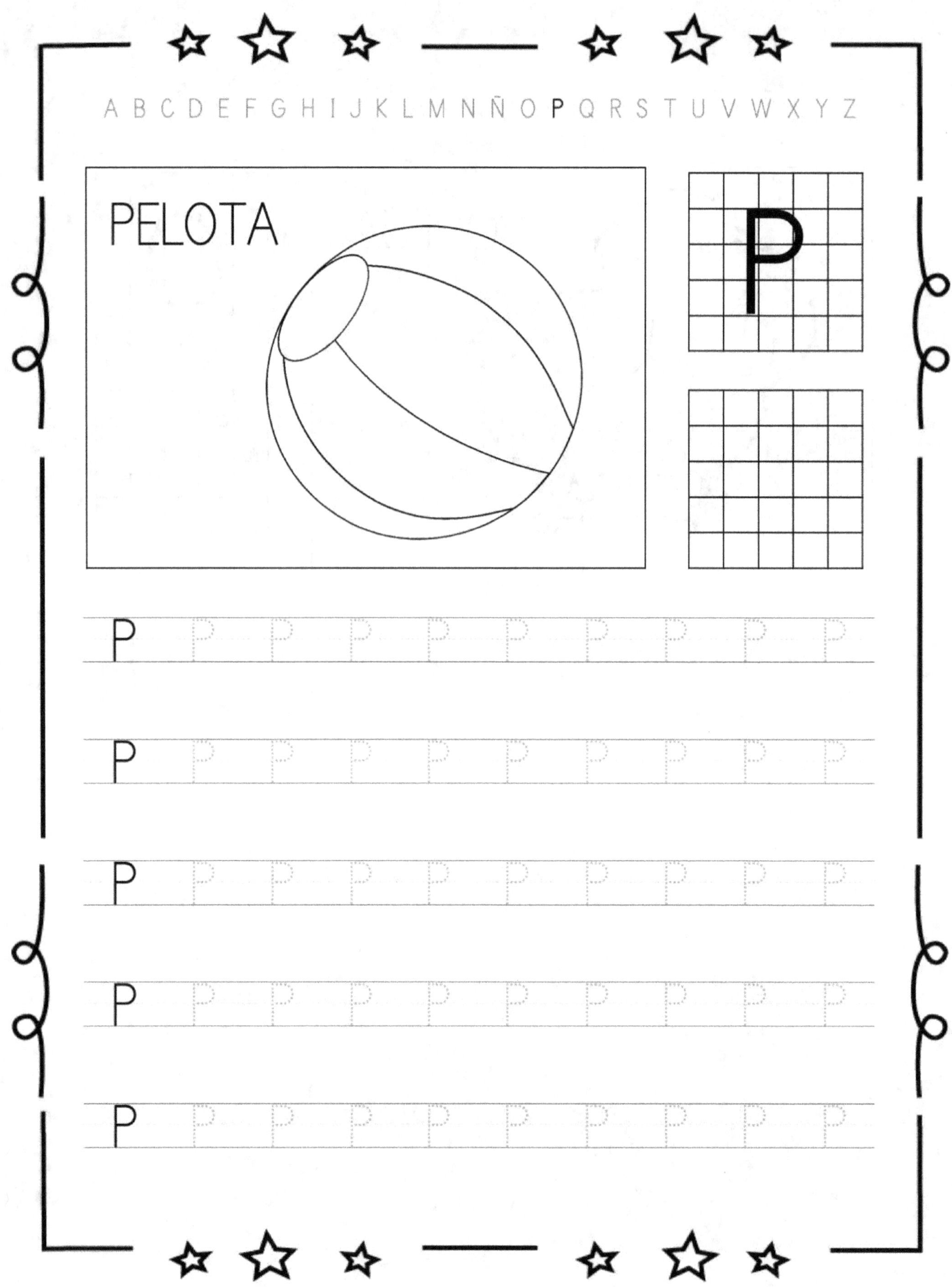

P
P
P
P
P

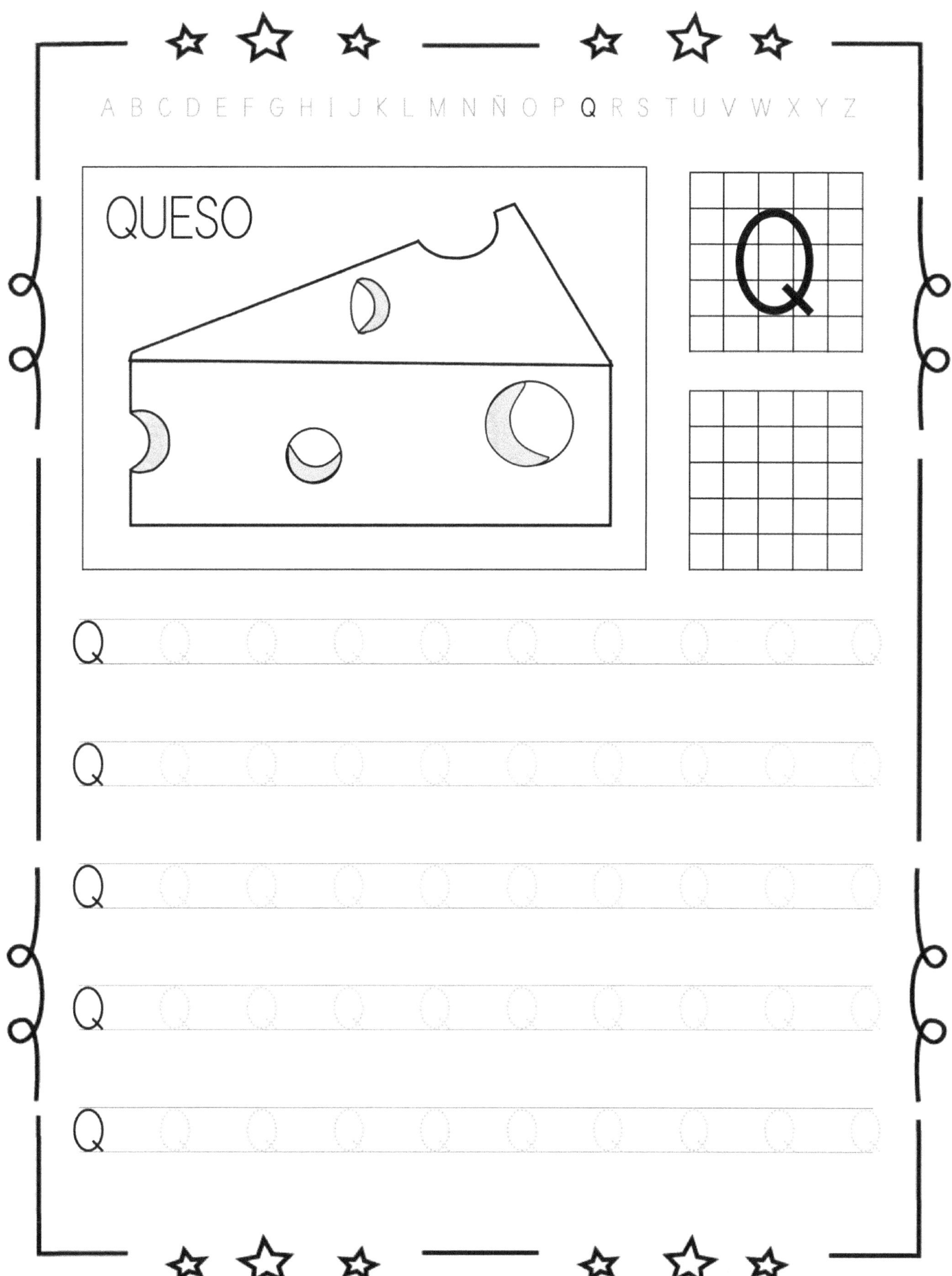

A B C D E F G H I J K L M N Ñ O P Q R S T U V W X Y Z
QUESO
Q
Q
Q
Q
Q
Q

RANA

R

R R R R R R R R R R R R R

R R R R R R R R R R R R R

R R R R R R R R R R R R R

R R R R R R R R R R R R R

R R R R R R R R R R R R R

A B C D E F G H I J K L M N Ñ O P Q R S T U V W X Y Z

SILLÓN

S

S
S
S
S
S

A B C D E F G H I J K L M N Ñ O P Q R S T U V W X Y Z

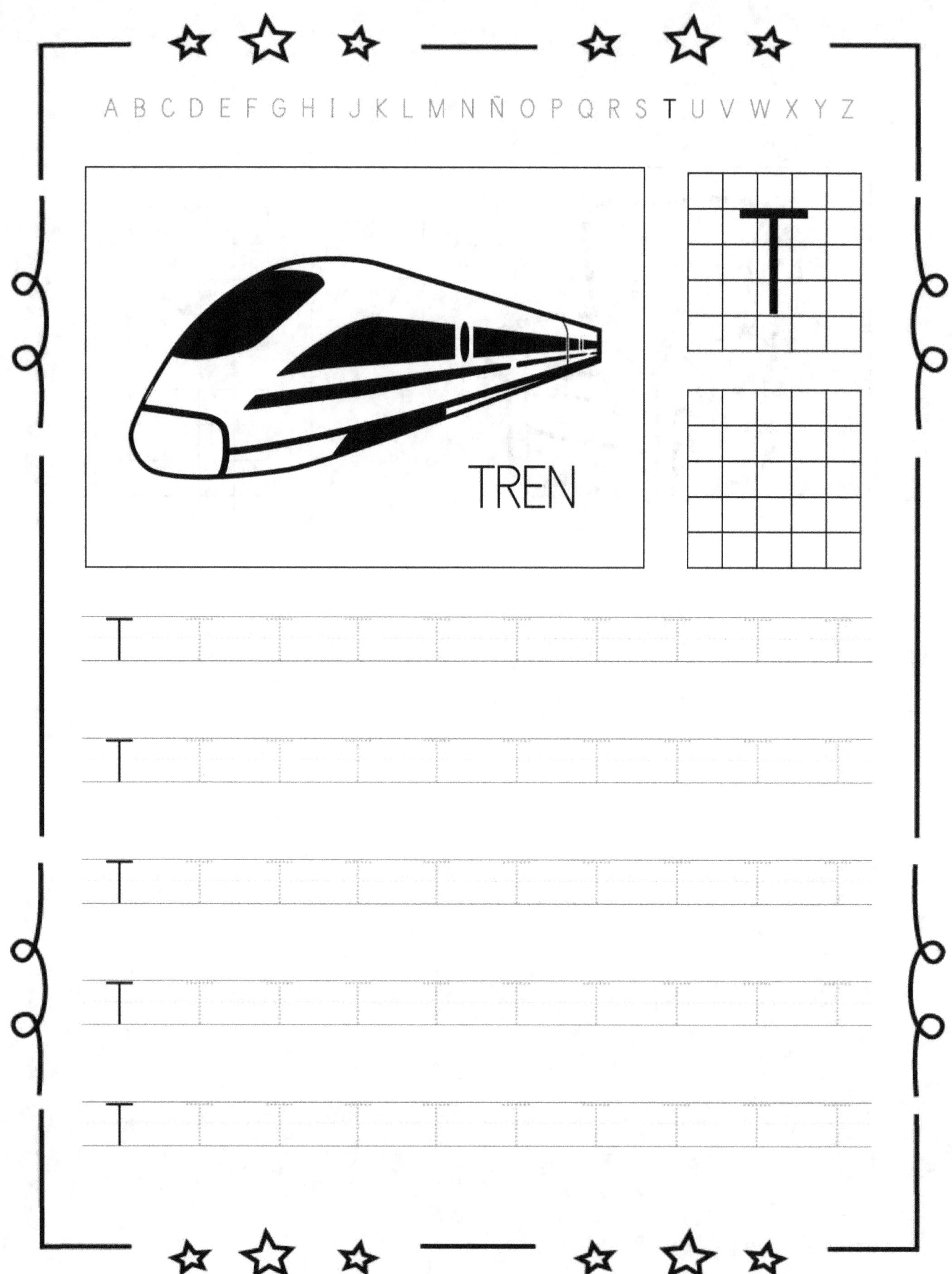
T
TREN

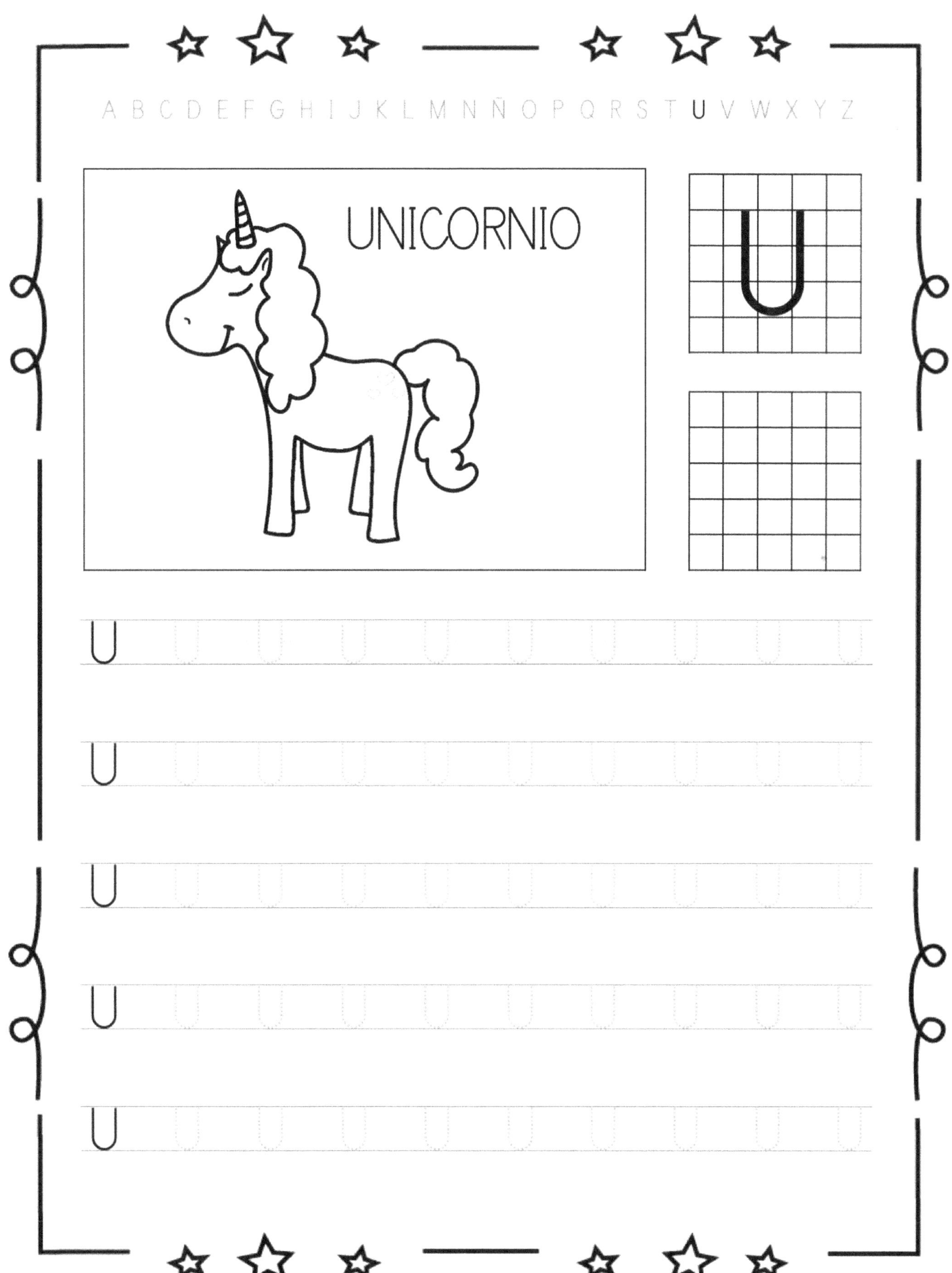

A B C D E F G H I J K L M N Ñ O P Q R S T U V W X Y Z
UNICORNIO
U
U
U
U
U
U

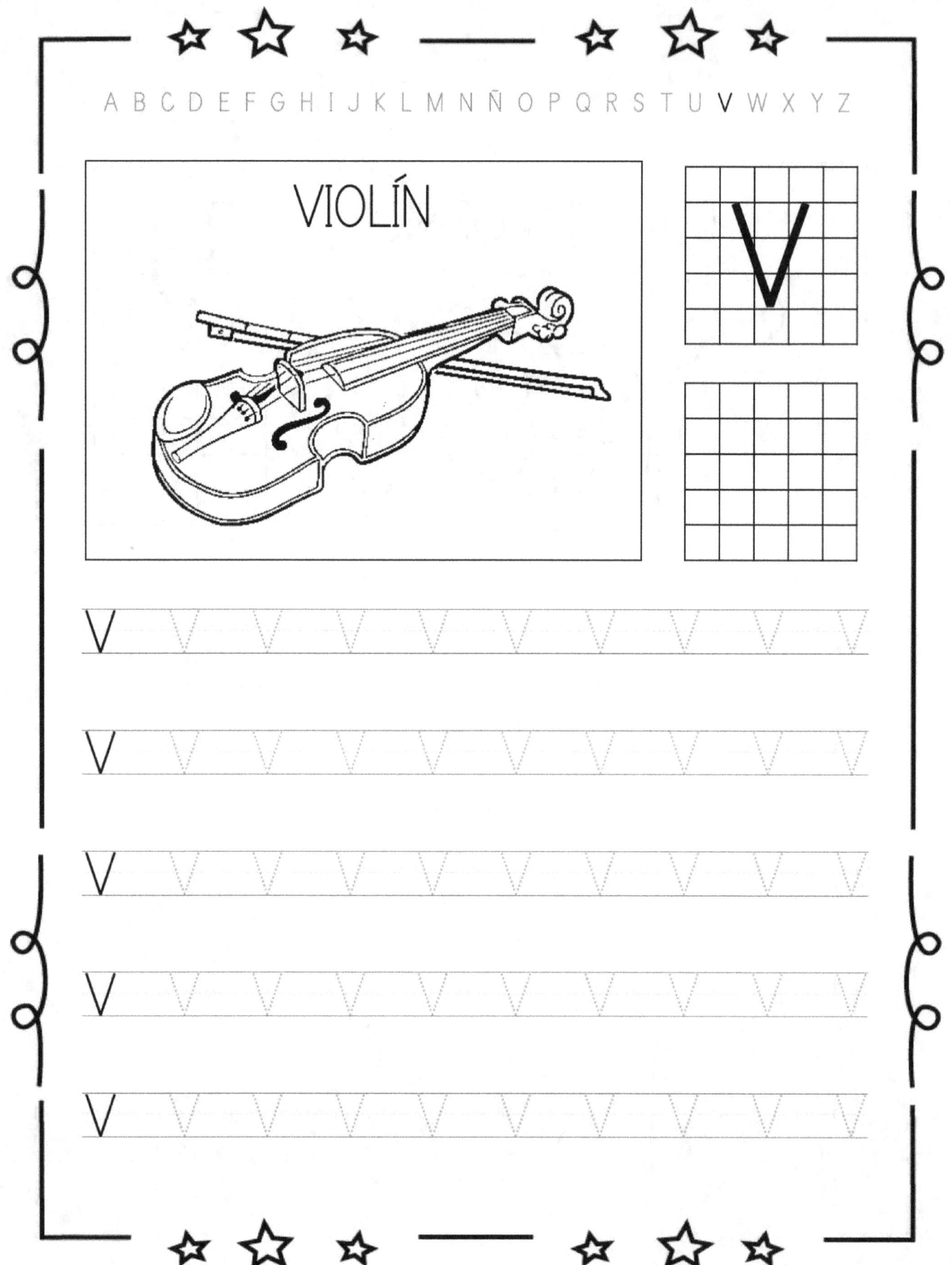

A B C D E F G H I J K L M N Ñ O P Q R S T U V W X Y Z
VIOLÍN
V

WINDSURF

W

W
W
W
W
W

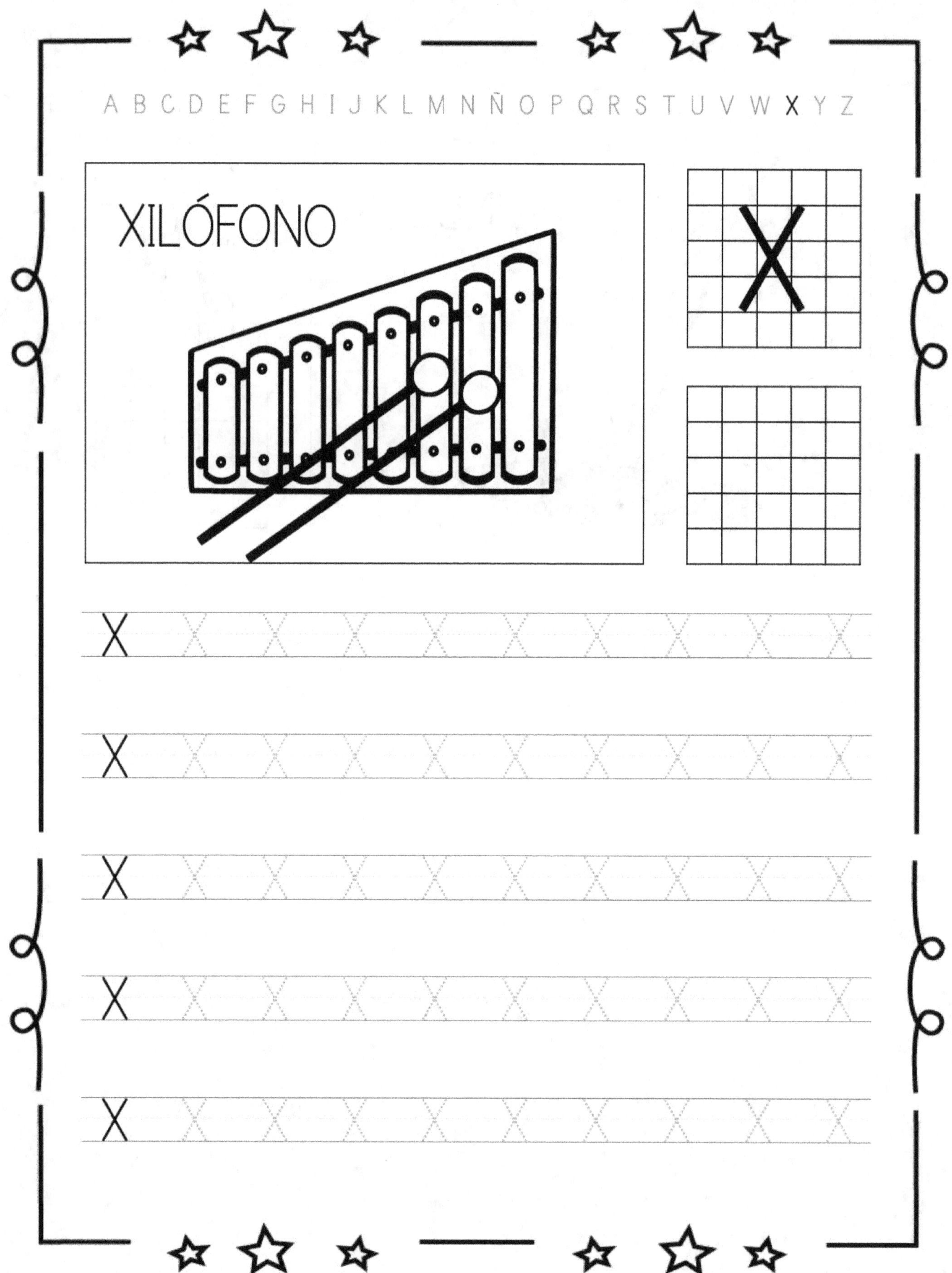
XILÓFONO
X

A B C D E F G H I J K L M N Ñ O P Q R S T U V W X Y Z
YOGUR
Y

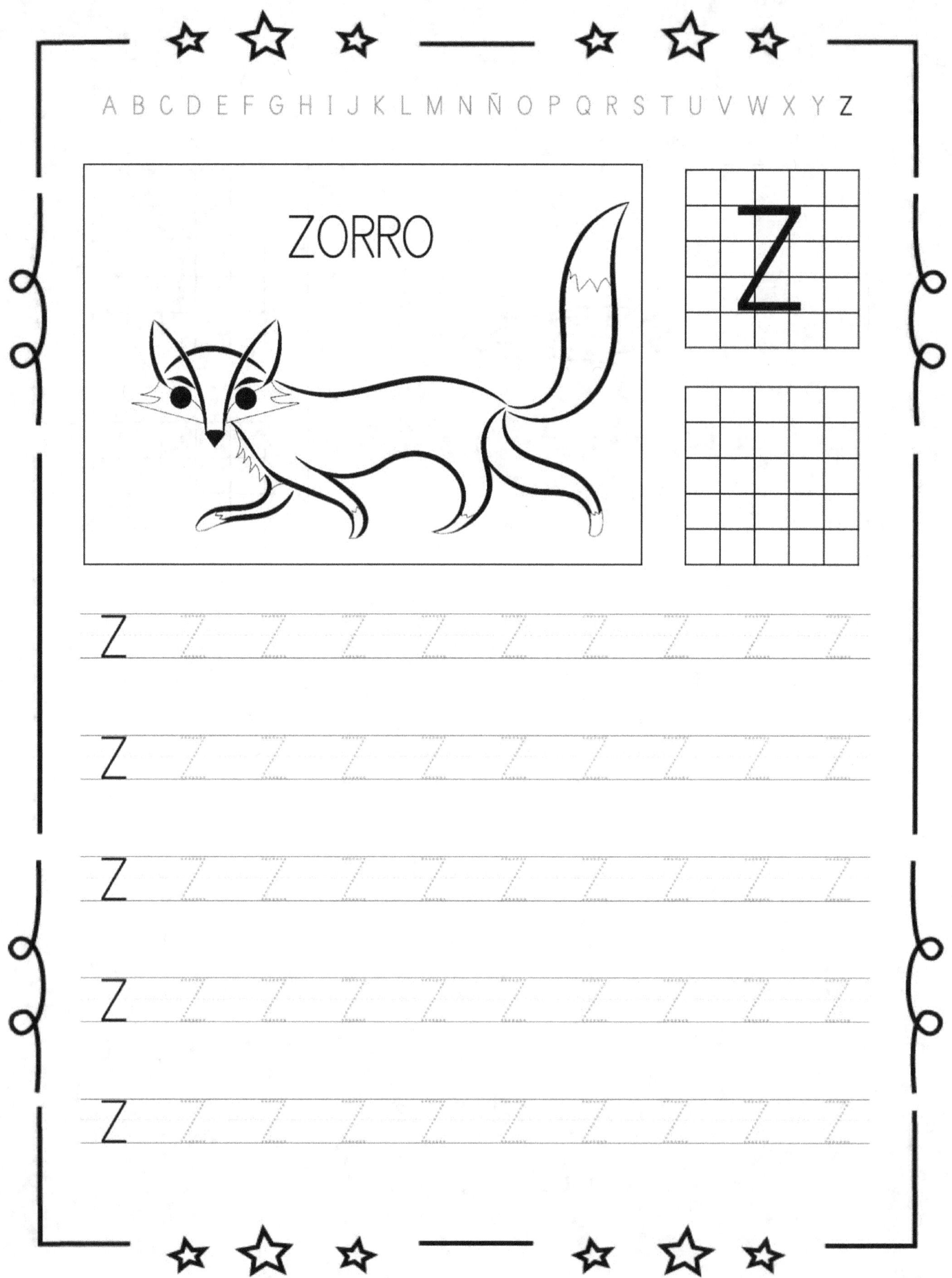

Z
Z
Z
Z
Z

A B C D E F G H I J K L M N Ñ O P Q R S T U V W X Y Z

A A
B B
C C
D D
E E
F F
G G
H H
I I
J J
K K
L L
M M

A B C D E F G H I J K L M N Ñ O P Q R S T U V W X Y Z
N N
Ñ Ñ
O O
P P
Q Q
R R
S S
T T
U U
V V
W W
X X
Y Y
Z Z

AVIÓN

BARCO

CASA

DADO

ELEFANTE

FLOR

GATO

A B C D E F G H I J K L M N Ñ O P Q R S T U V W X Y Z

HELADO
ISLA
JIRAFA
KOALA
LIBRO
MARIPOSA
NAVE

ÑU

OSO

PELOTA

QUESO

RANA

SILLÓN

TREN

UNICORNIO

VIOLÍN

WINDSURF

XILÓFONO

YOGUR

ZORRO

Abecedario
Letras minúsculas

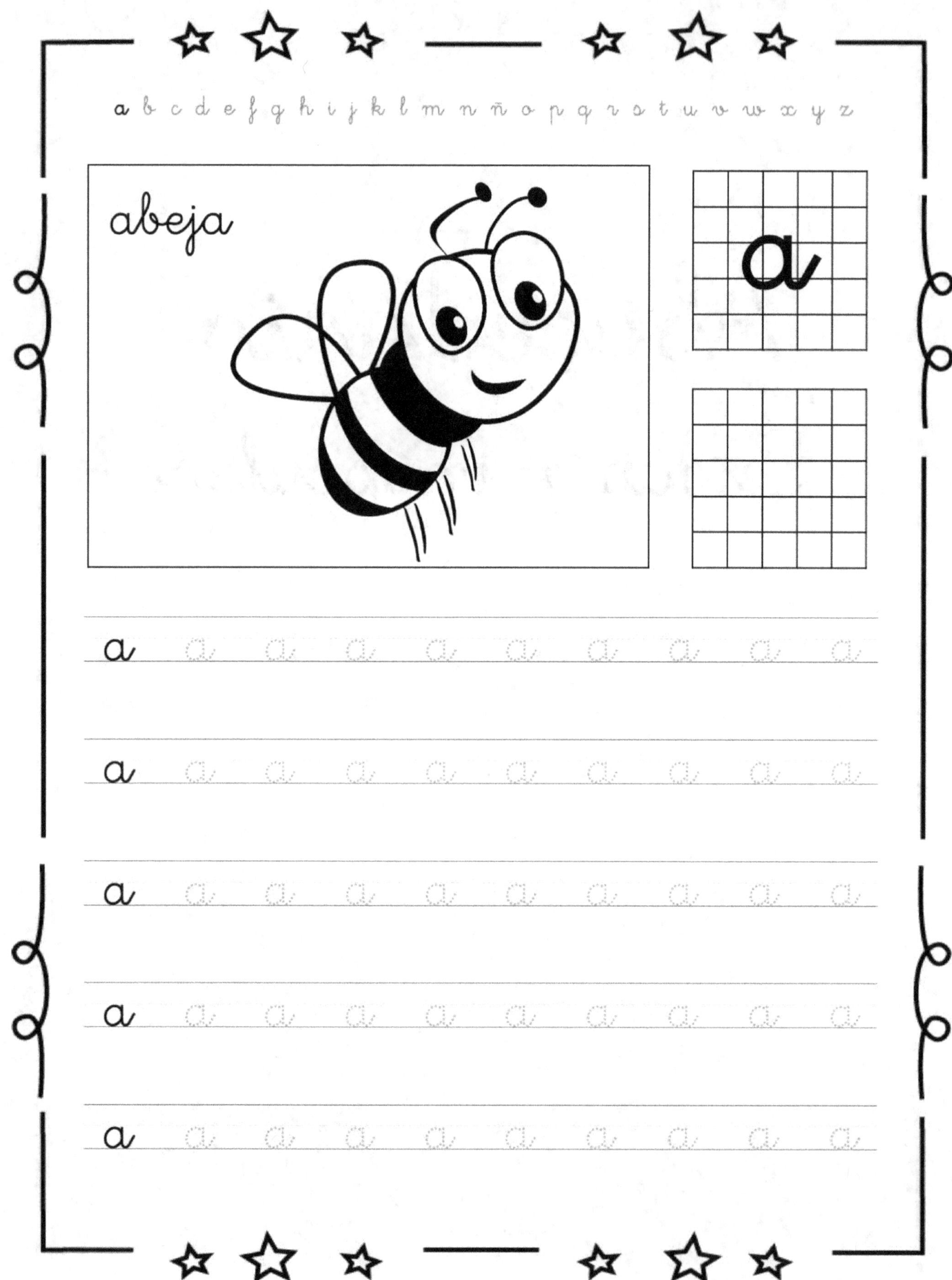

a
a
a
a
a

búho

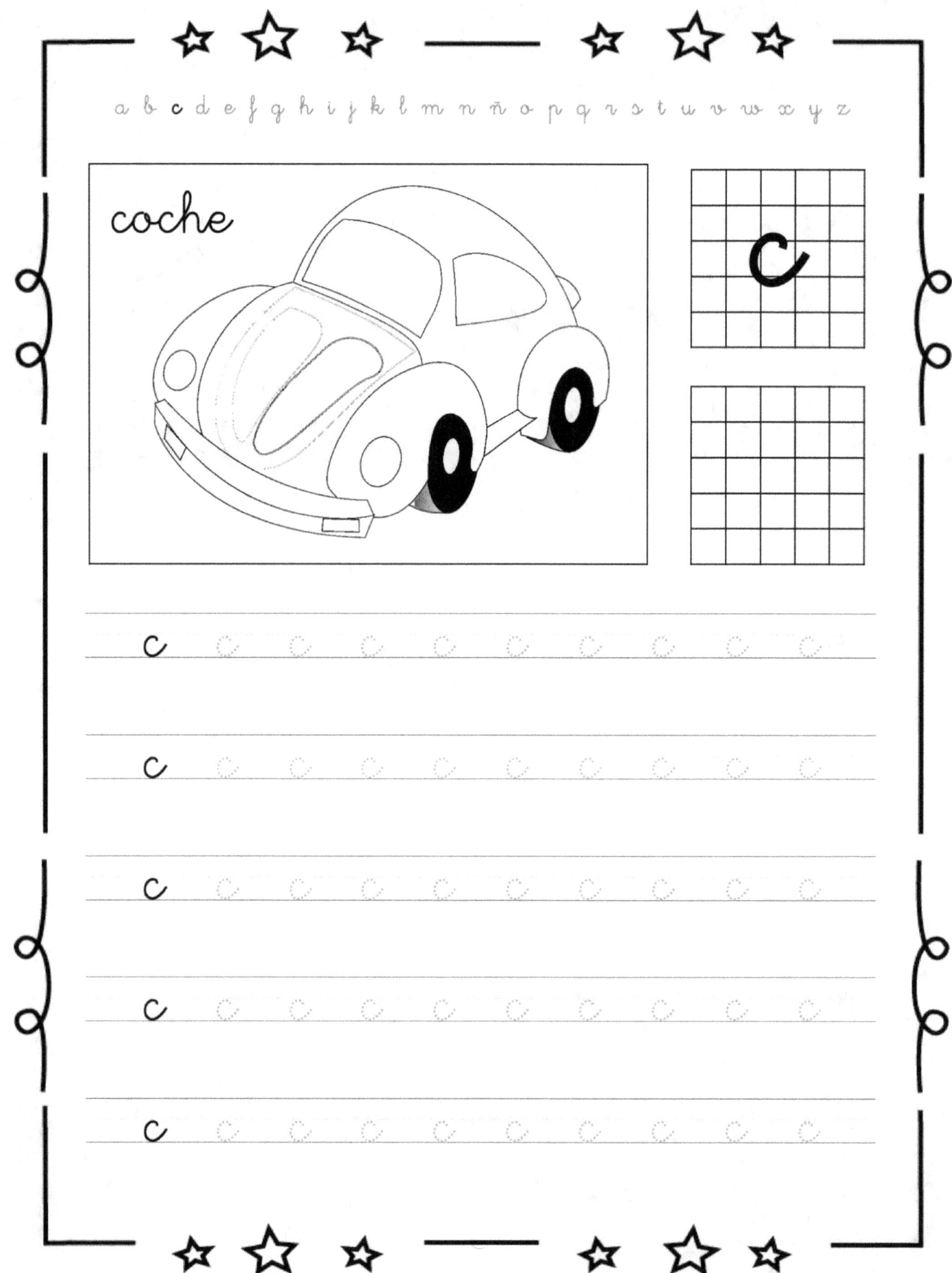

coche
c
c
c
c
c
c

d

d

d

d

d

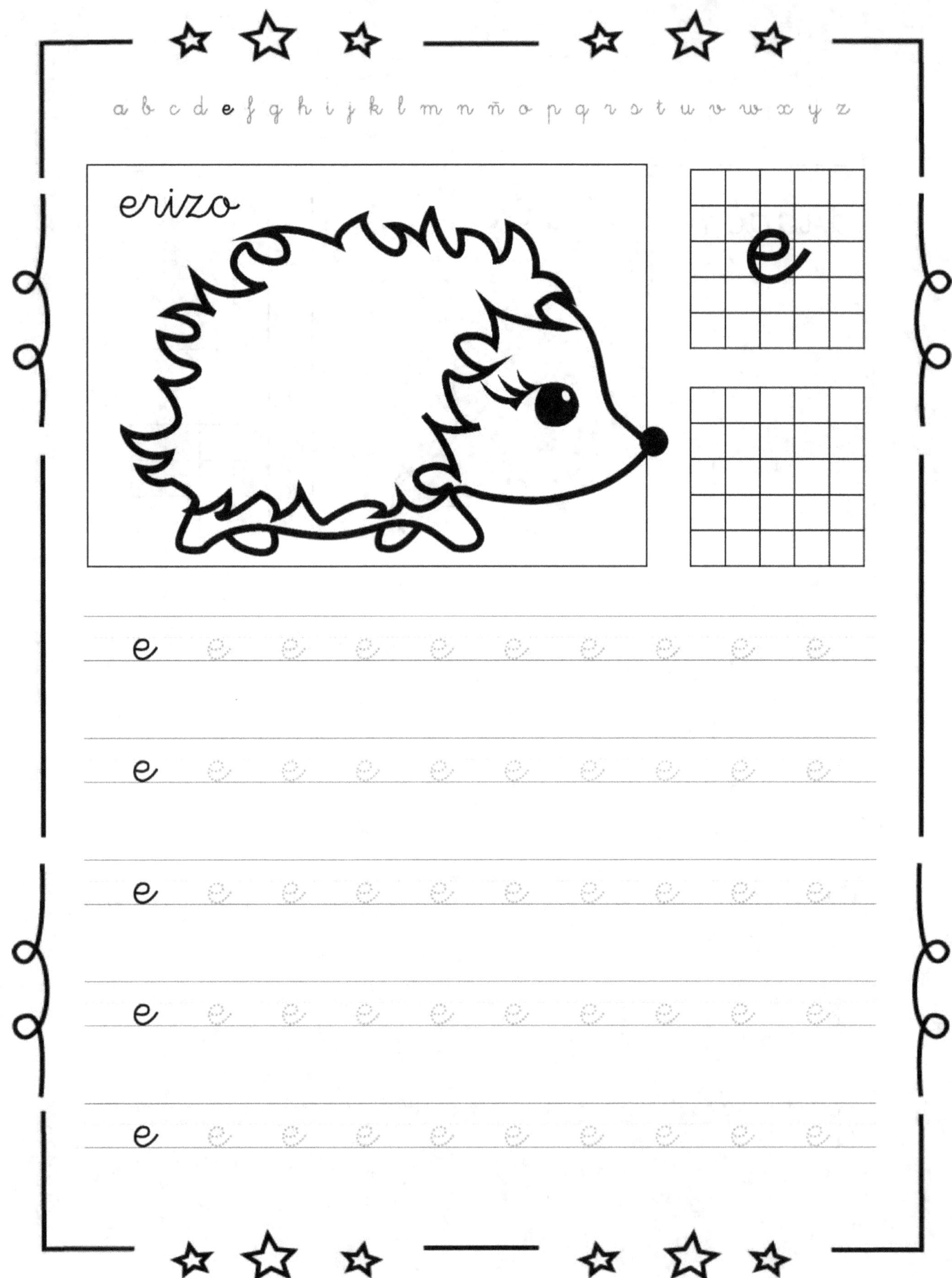

e

e

e

e

e

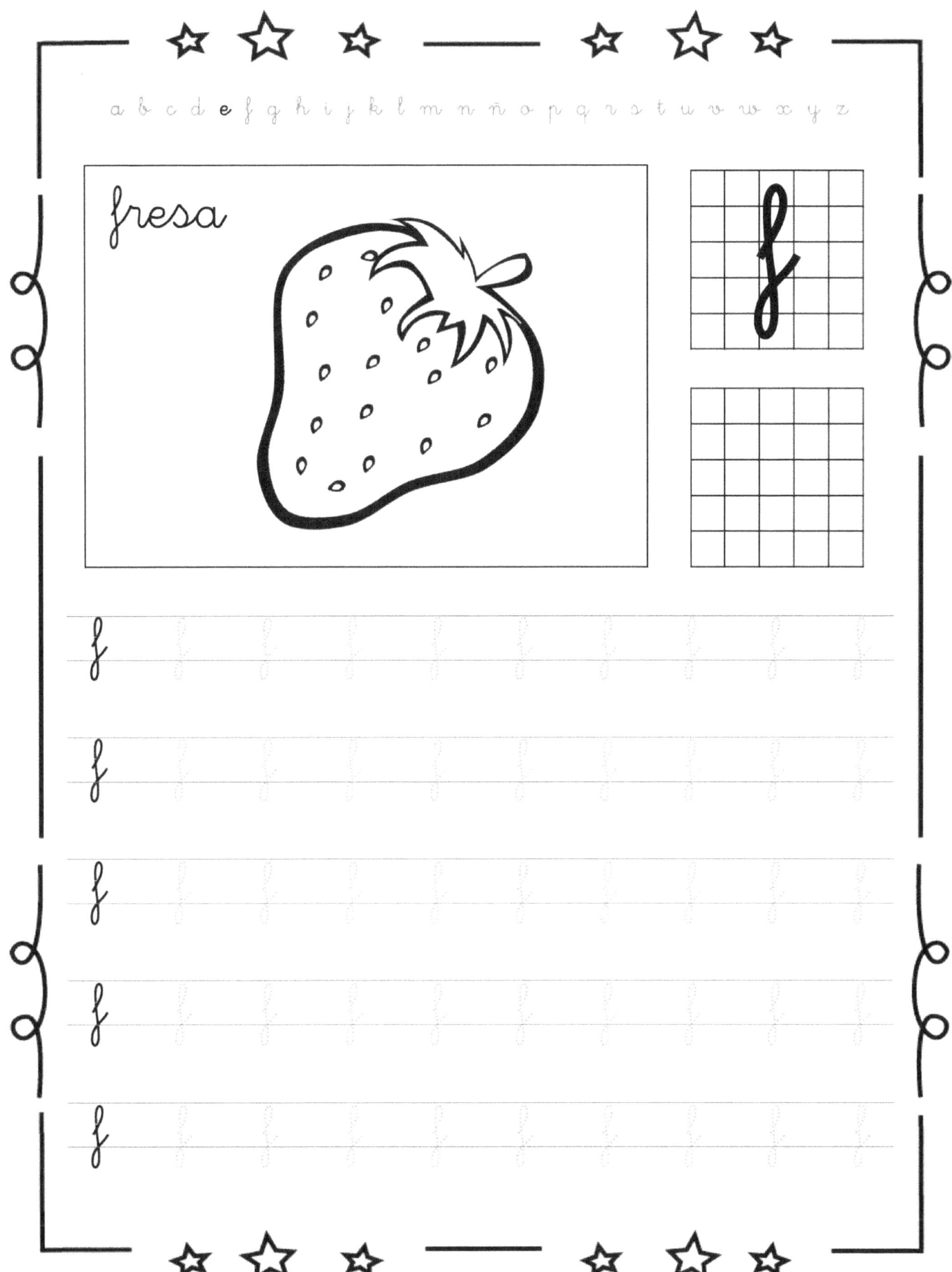

fresa

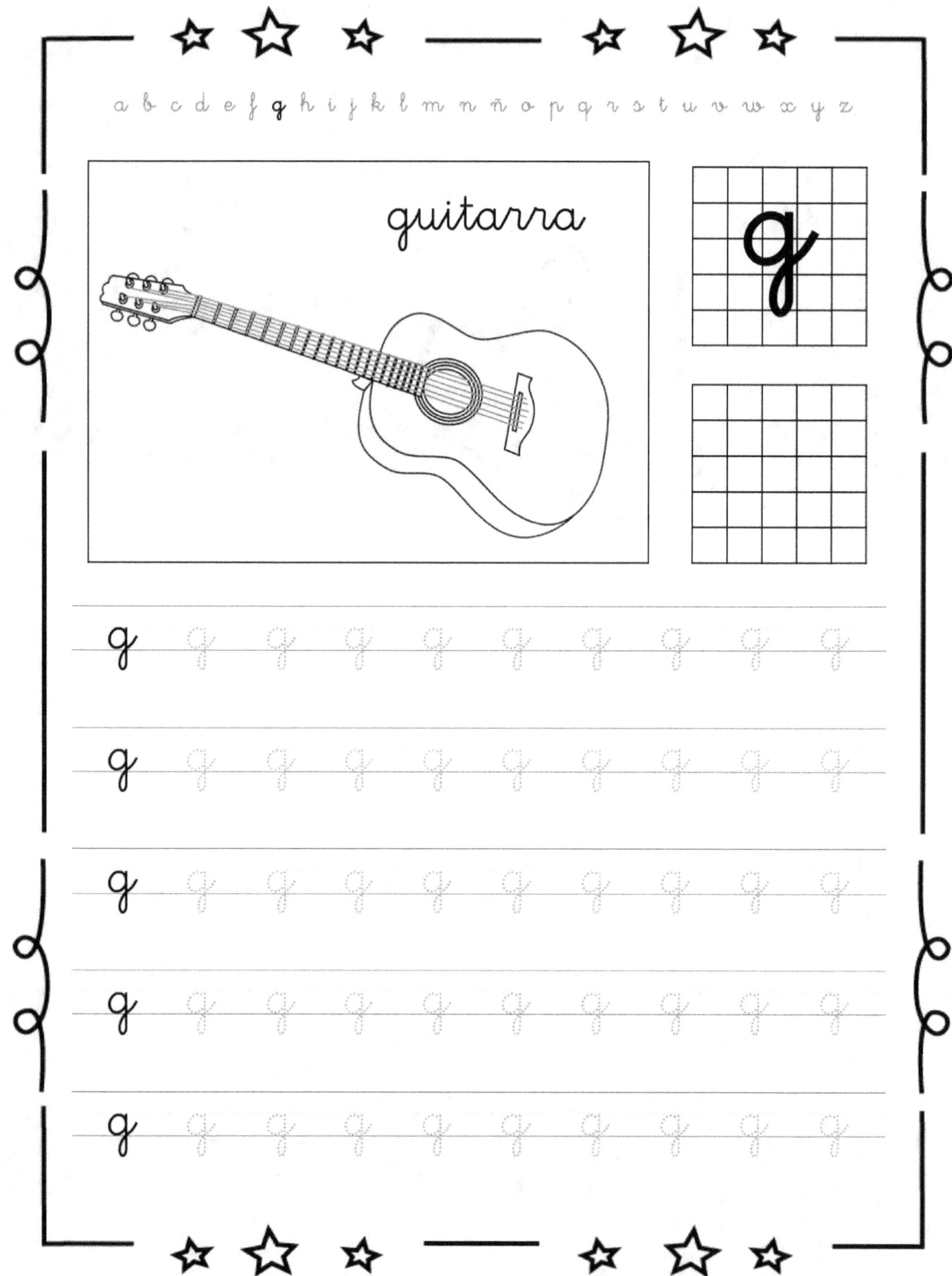

g

g

g

g

g

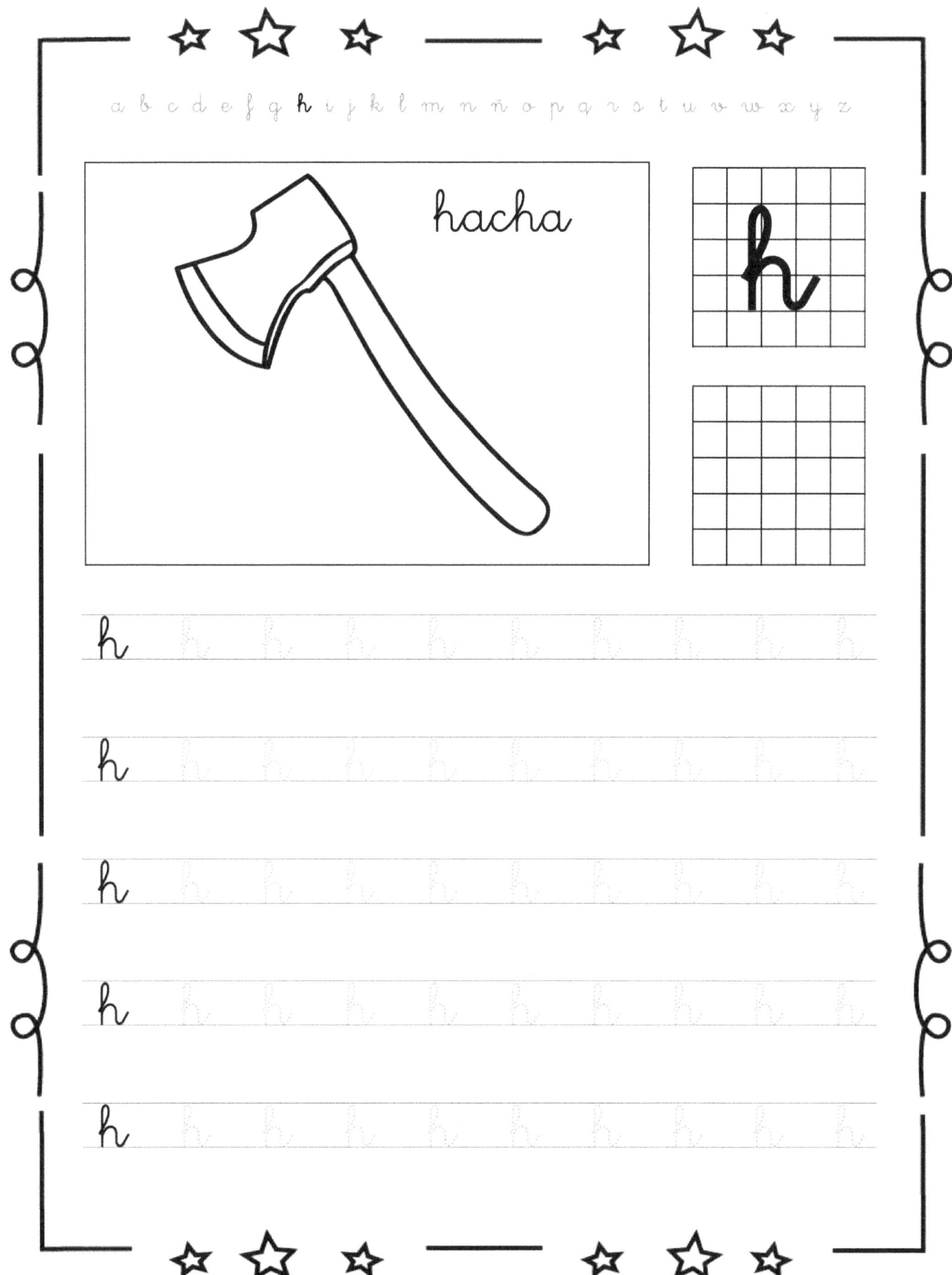

a b c d e f g h i j k l m n ñ o p q r s t u v w x y z
hacha
h

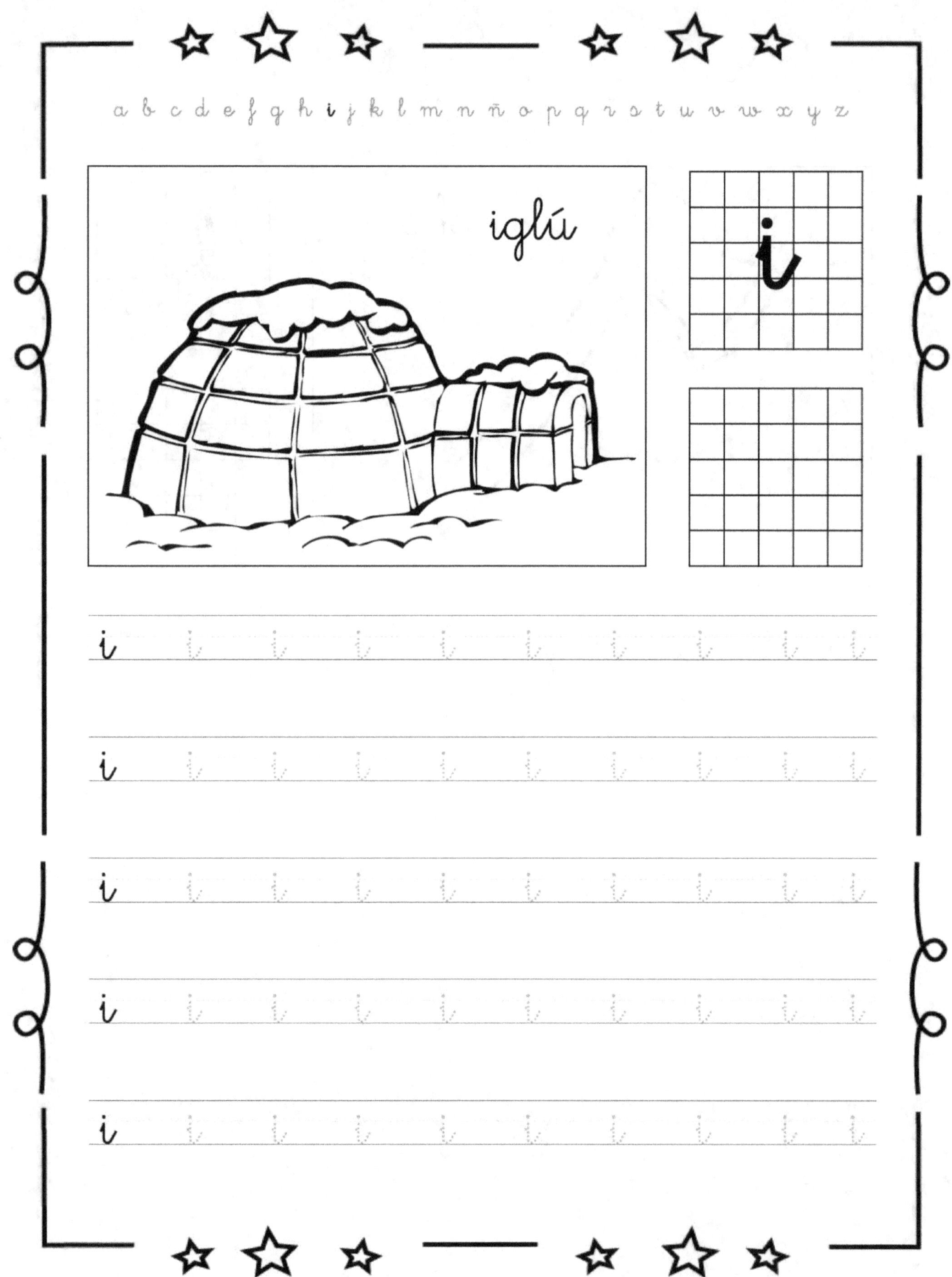

i
i
i
i
i

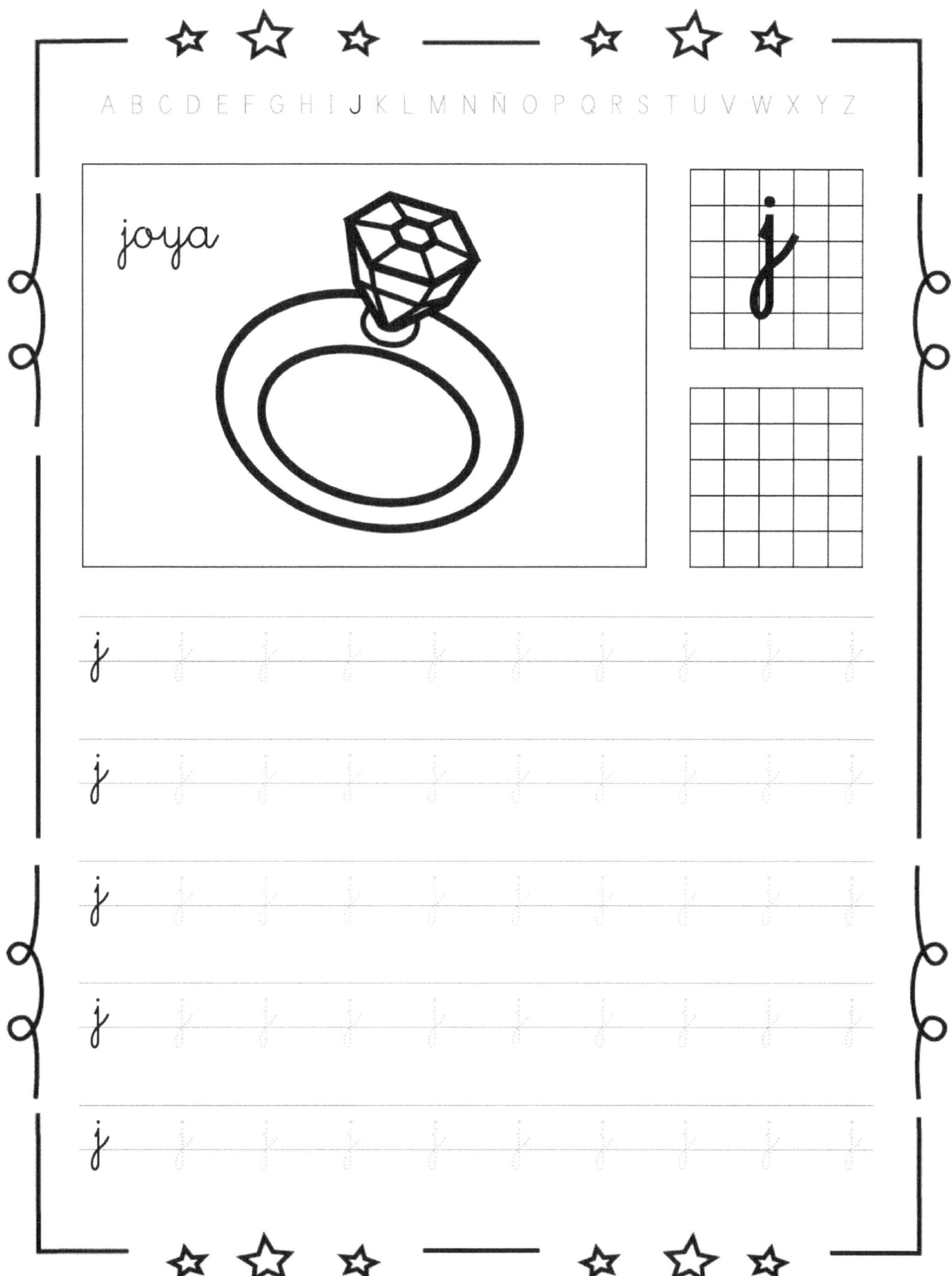

j

j

j

j

j

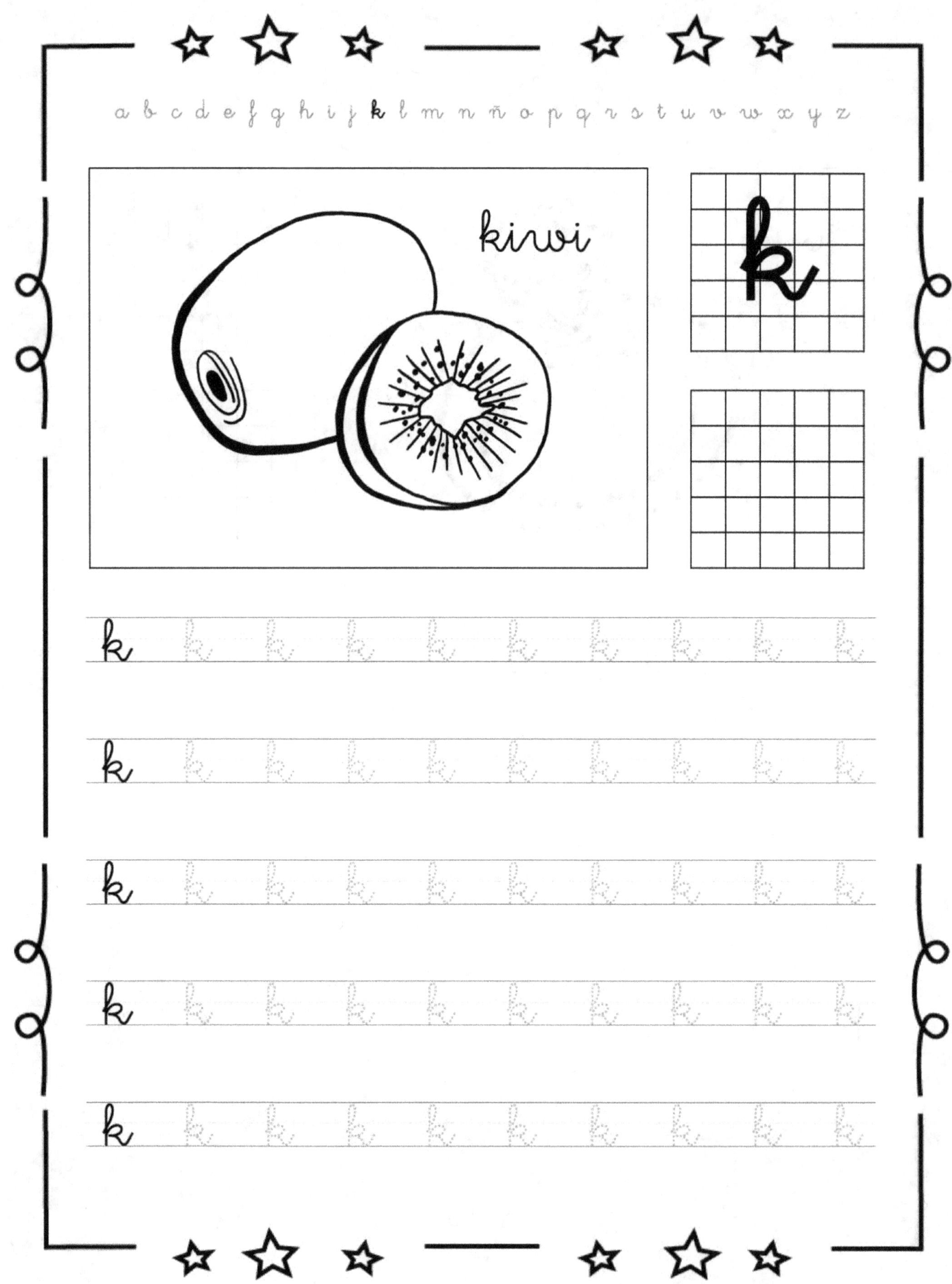

a b c d e f g h i j **k** l m n ñ o p q r s t u v w x y z
kiwi
k
k k k k k k k k k k k
k k k k k k k k k k k
k k k k k k k k k k k
k k k k k k k k k k k
k k k k k k k k k k k

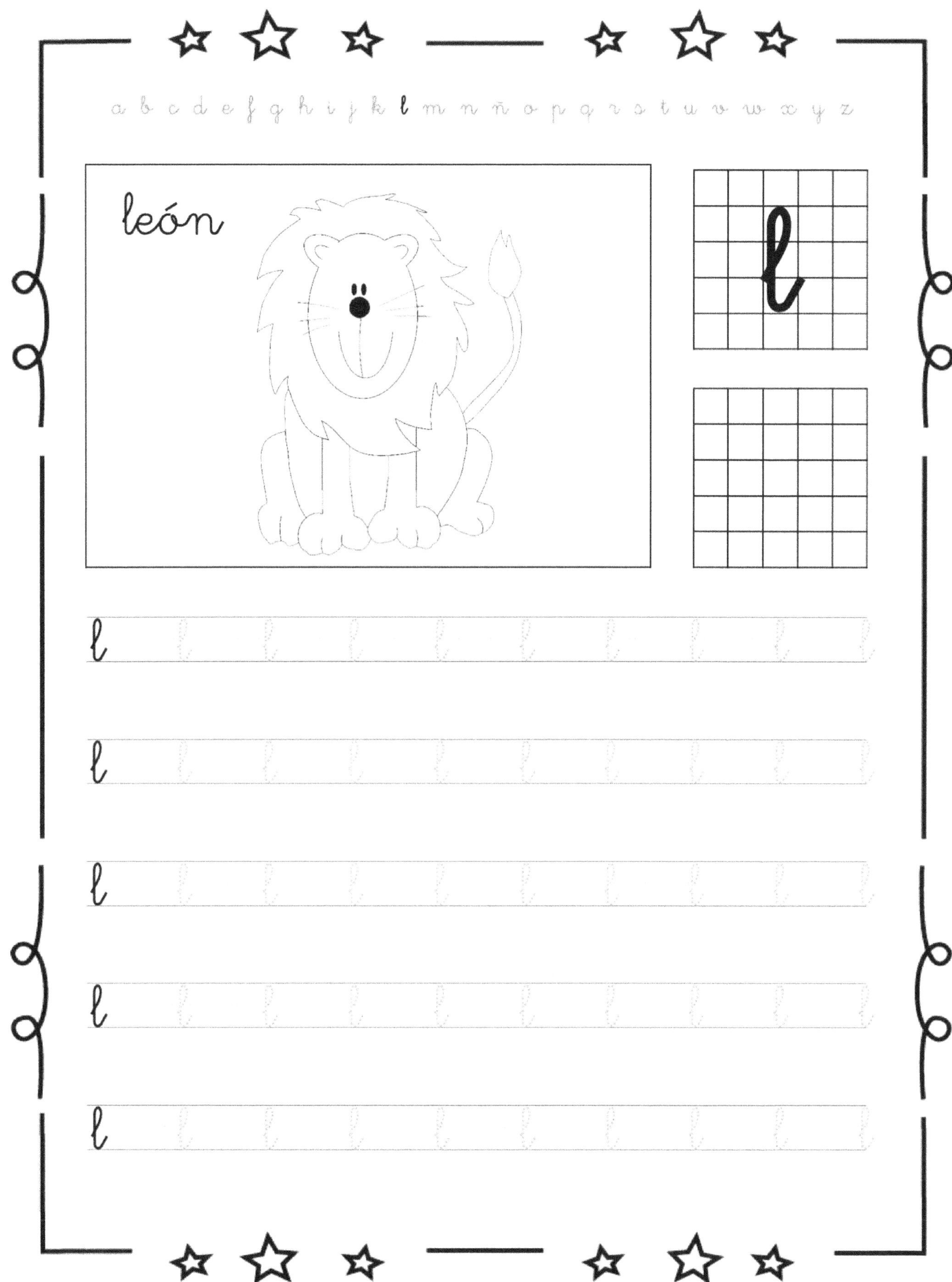

l

l

l

l

l

m
m
m
m
m

naranja

n

n

n

n

n

n

ñandú
ñ
ñ
ñ
ñ
ñ
ñ

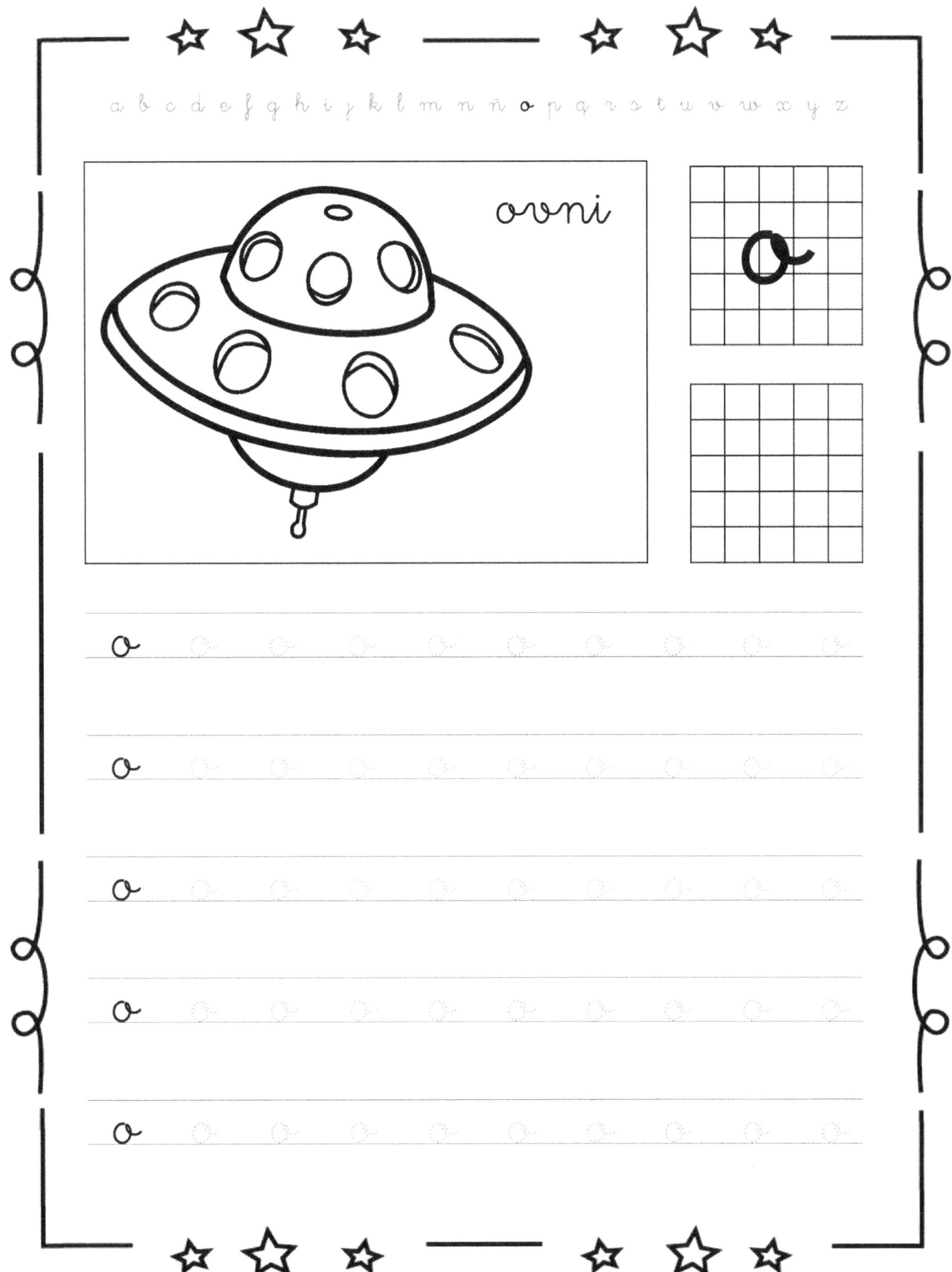
ovni

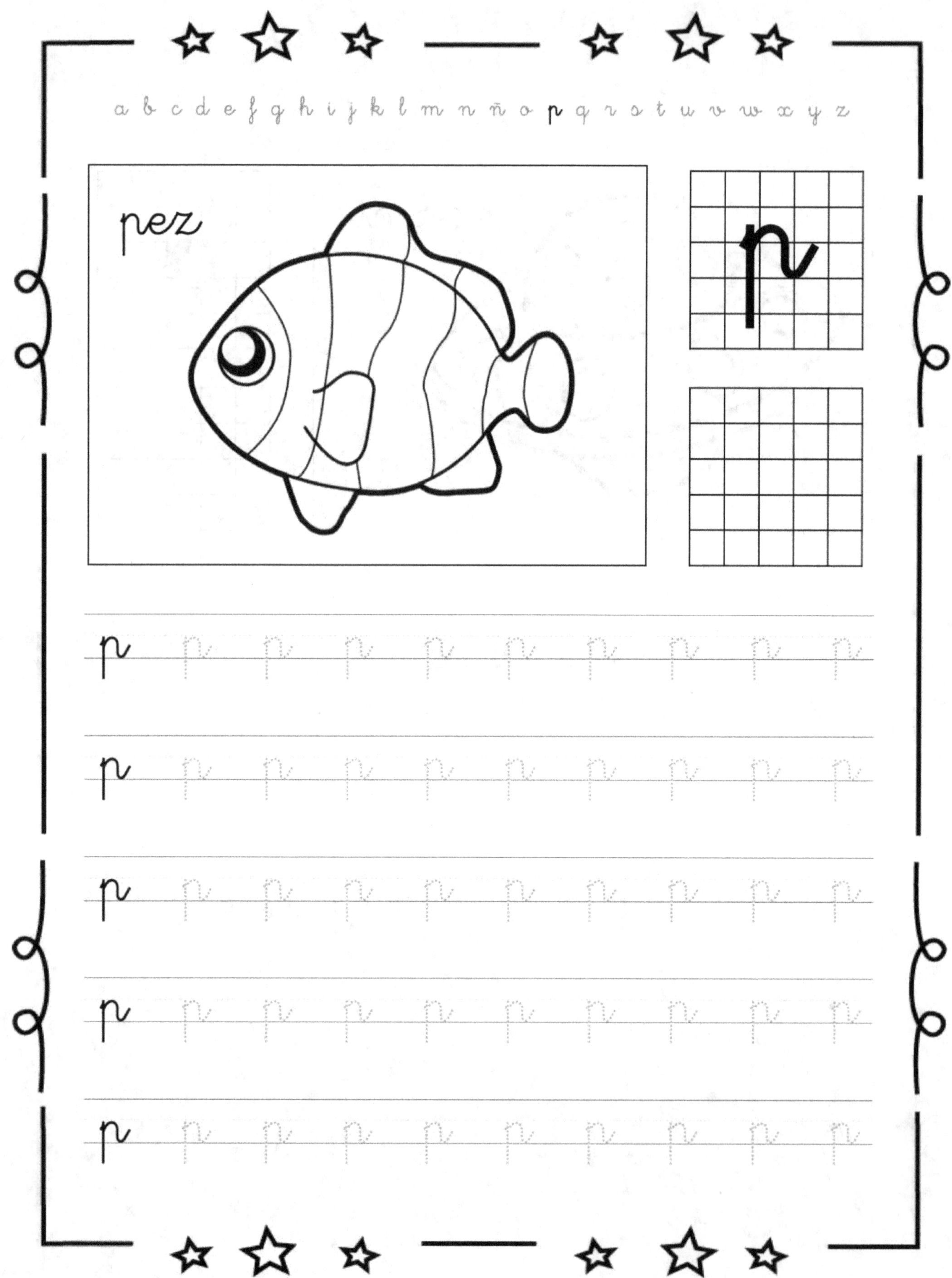

a b c d e f g h i j k l m n ñ o p q r s t u v w x y z
pez
p

q

q

q

q

q

a b c d e f g h i j k l m n ñ o p q r s t u v w x y z

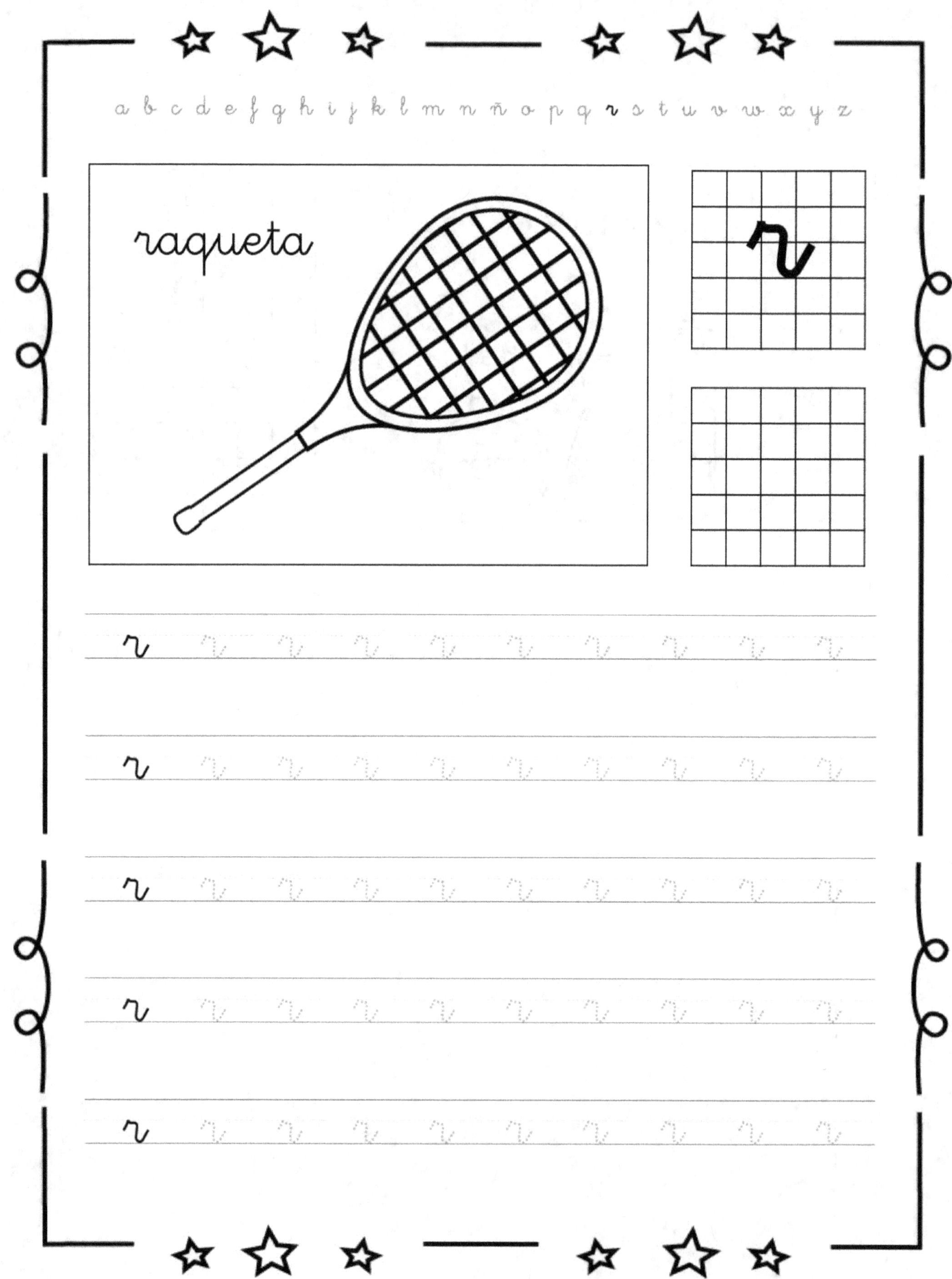

raqueta

sol

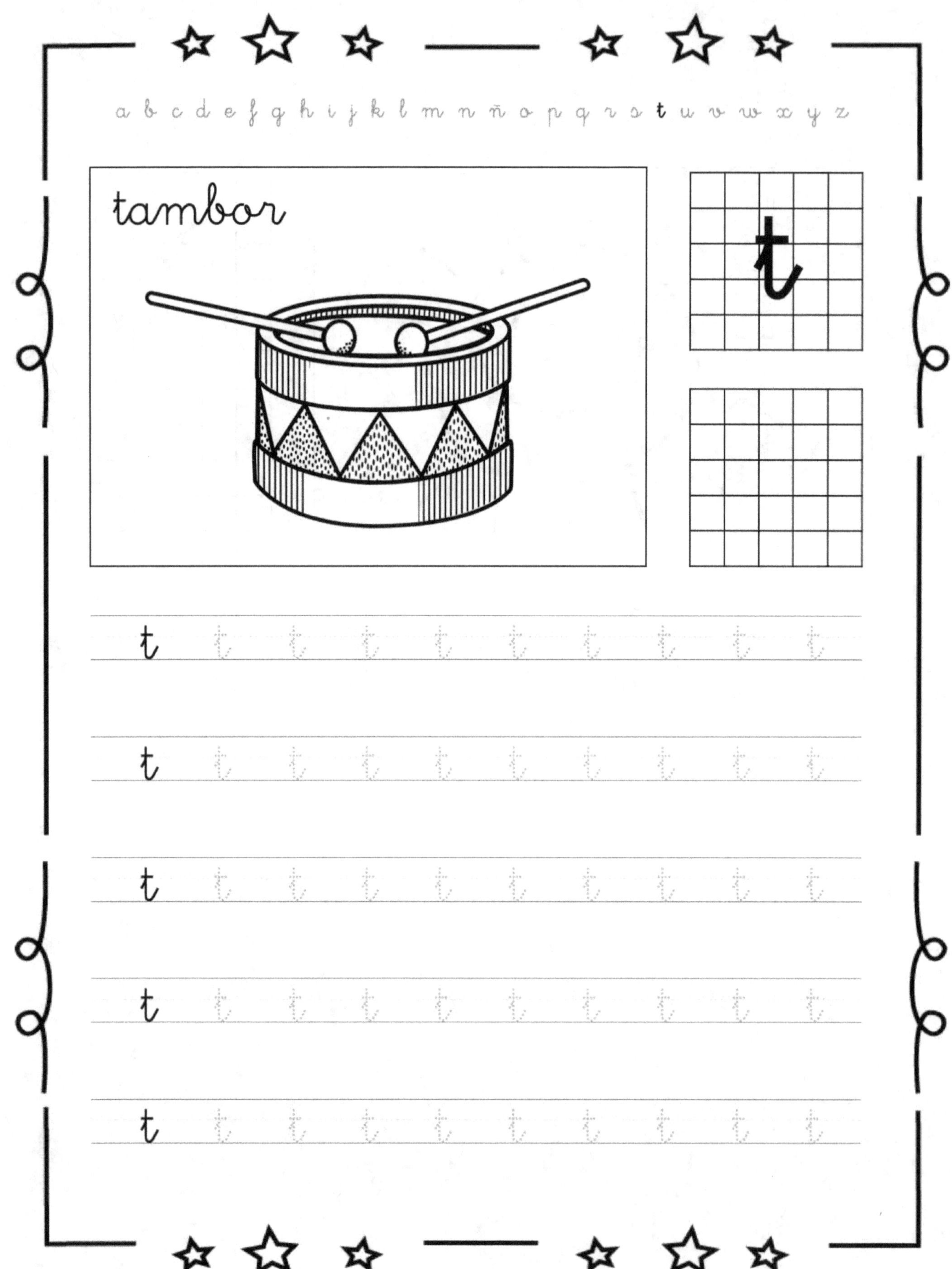

t   t   t   t   t   t   t   t   t   t

t   t   t   t   t   t   t   t   t   t

t   t   t   t   t   t   t   t   t   t

t   t   t   t   t   t   t   t   t   t

t   t   t   t   t   t   t   t   t   t

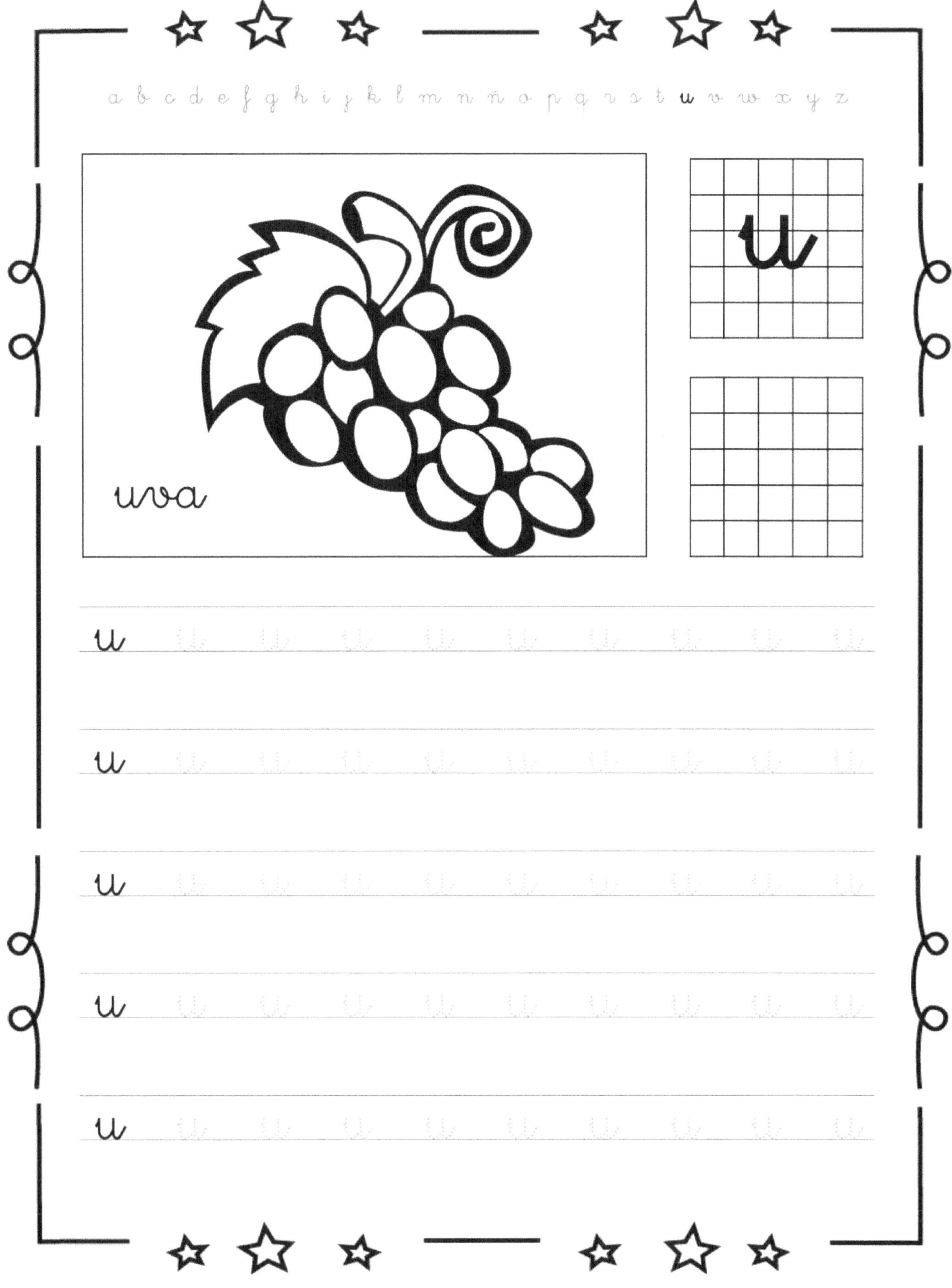

u
u
u
u
u

ventana

a b c d e f g h i j k l m n ñ o p q r s t u v w x y z
wincha
w

a b c d e f g h i j k l m n ñ o p q r s t u v w x y z

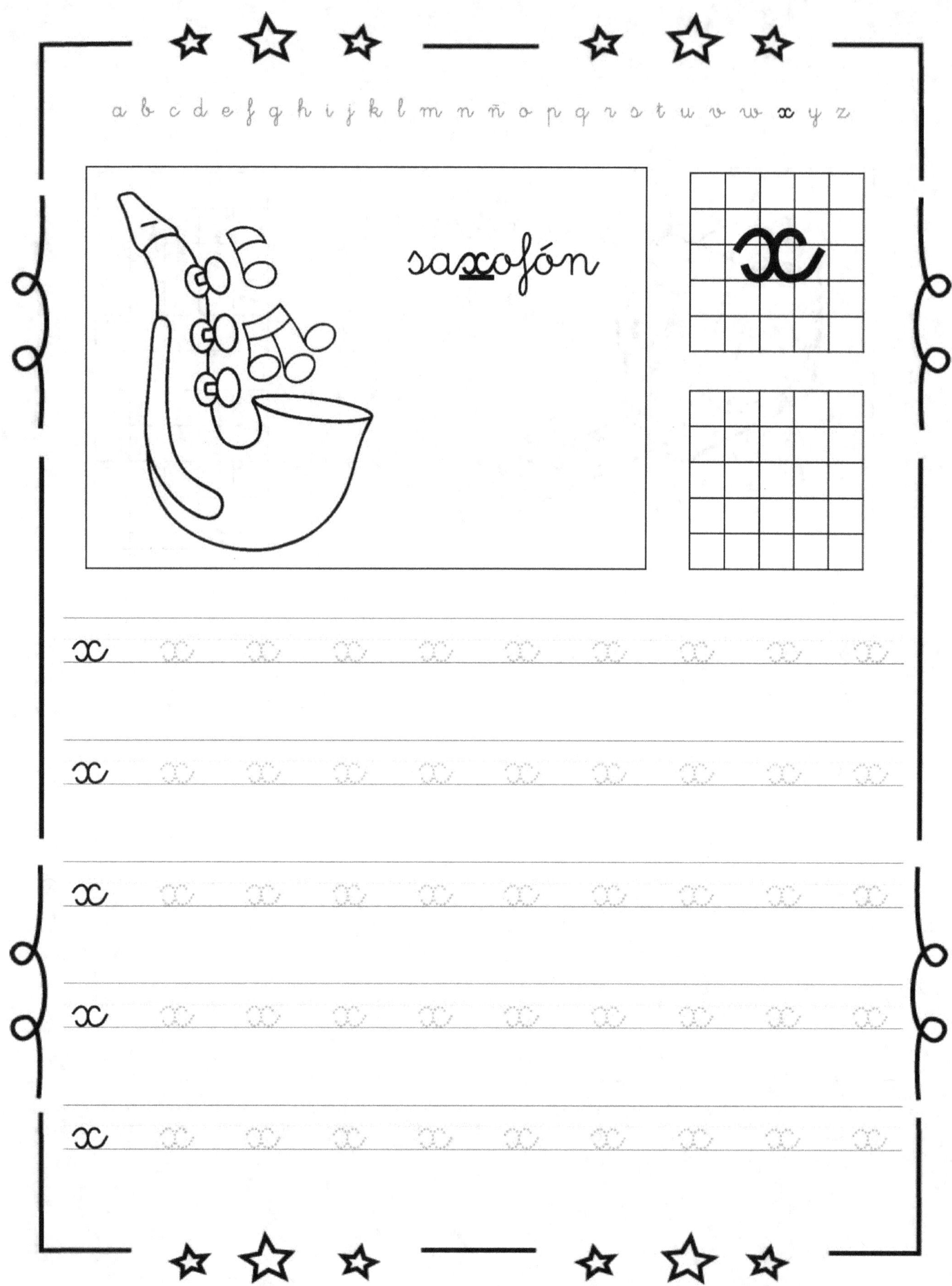
saxofón

yema

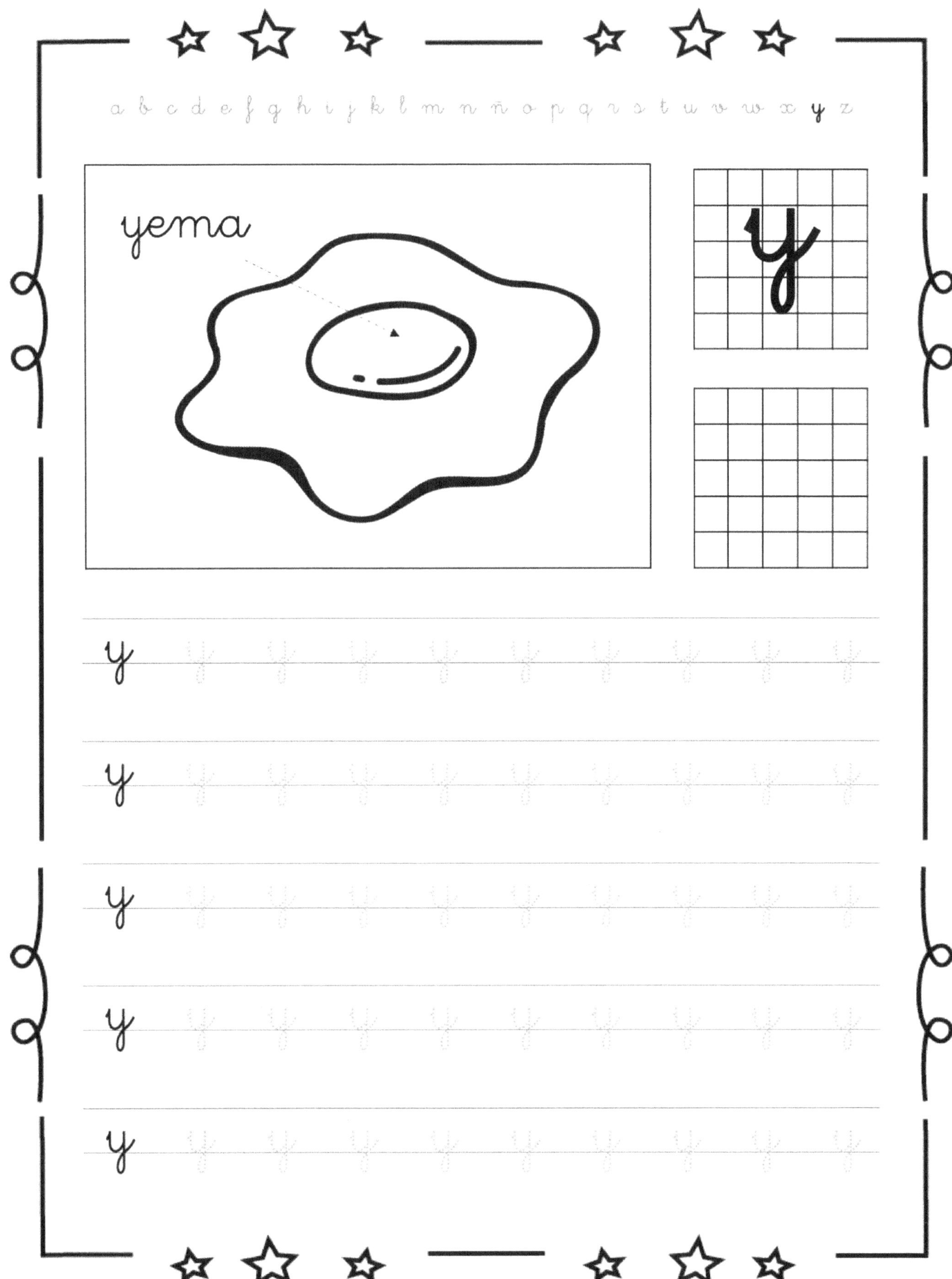

z   z z z z z z z z z

z   z z z z z z z z z

z   z z z z z z z z z

z   z z z z z z z z z

z   z z z z z z z z z

a b c d e f g h i j k l m n ñ o p q r s t u v w x y z

a a
b b
c c
d d
e e
f f
g g
h h
i i
j j
k k
l l
m m

a b c d e f g h i j k l m n ñ o p q r s t u v w x y z

n n
ñ ñ
o o
p p
q q
r r
s s
t t
u u
v v
w w
x x
y y
z z

abeja

coche

búho

dragón

erizo

fresa

guitarra

hacha hacha hacha
hacha

iglú iglú iglú
iglú

joya joya joya
joya

kiwi kiwi kiwi
kiwi

león león león
león

mapa mapa mapa
mapa

naranja naranja naranja
naranja

ñandú
ovni
pez
química
raqueta
sol
tambor

a b c d e f g h i j k l m n ñ o p q r s t **u v** w x y z

uva

uva

ventana

ventana

wincha

wincha

saxofón

saxofón

yema

yema

zapato

zapato

LOS NÚMEROS
Del 1 al 20
Del uno al veinte
123

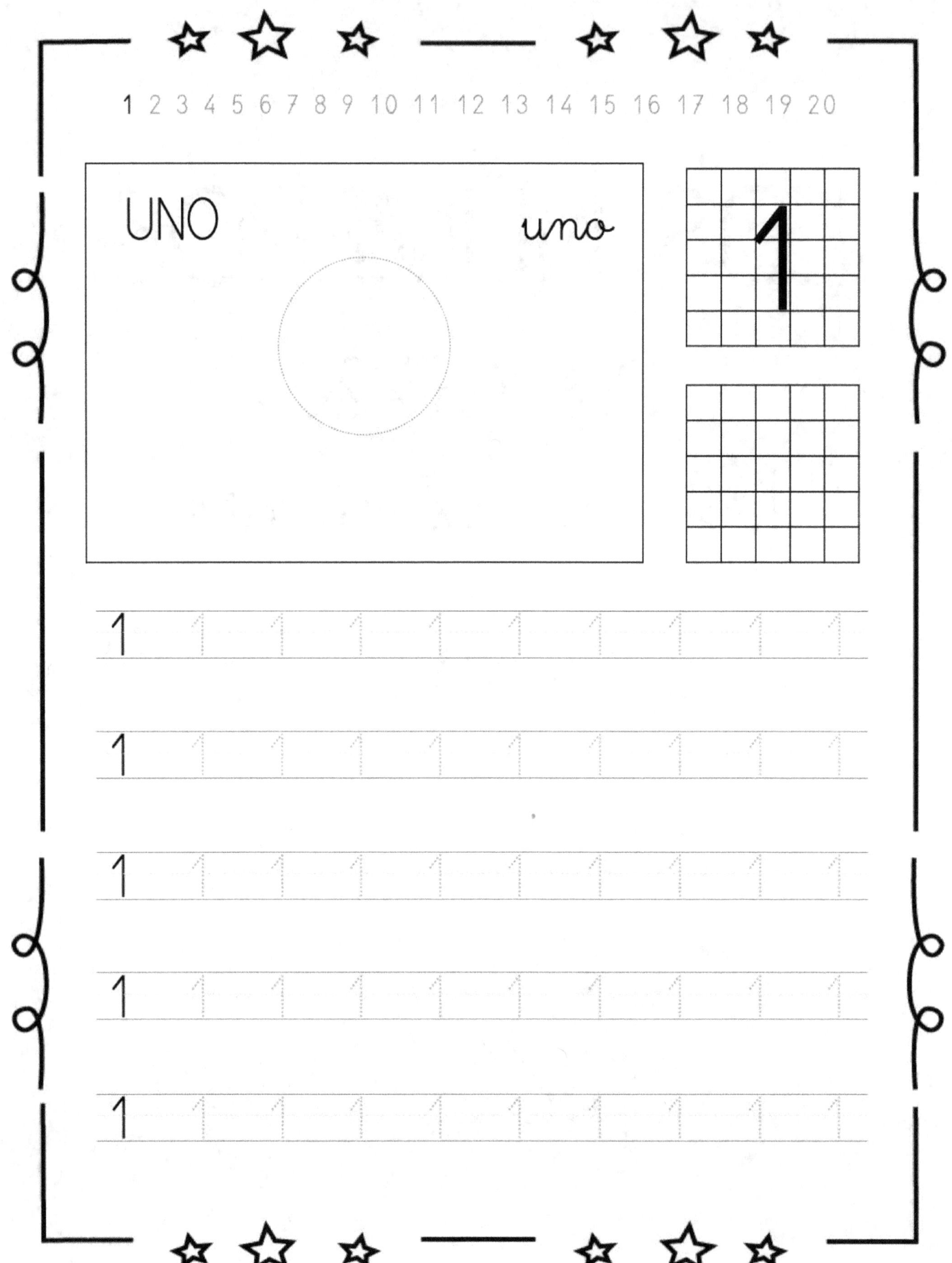

1 2 3 4 5 6 7 8 9 10 11 12 13 14 15 16 17 18 19 20
UNO
uno
1

1 2 3 4 5 6 7 8 9 10 11 12 13 14 15 16 17 18 19 20
DOS
dos
2
2
2
2
2
2

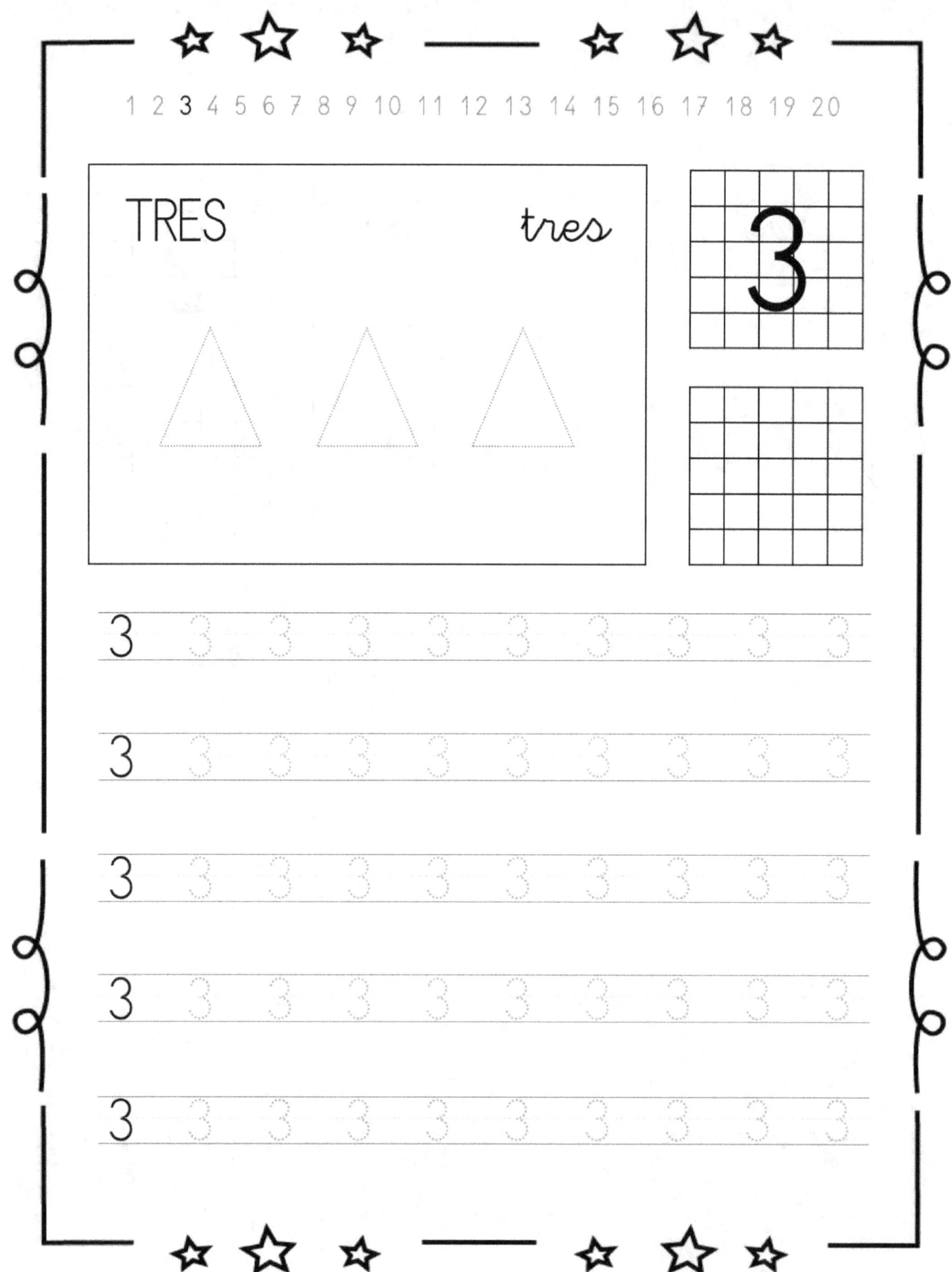

1 2 3 4 5 6 7 8 9 10 11 12 13 14 15 16 17 18 19 20
TRES
tres
3

CUATRO

cuatro

4

4

4

4

4

4

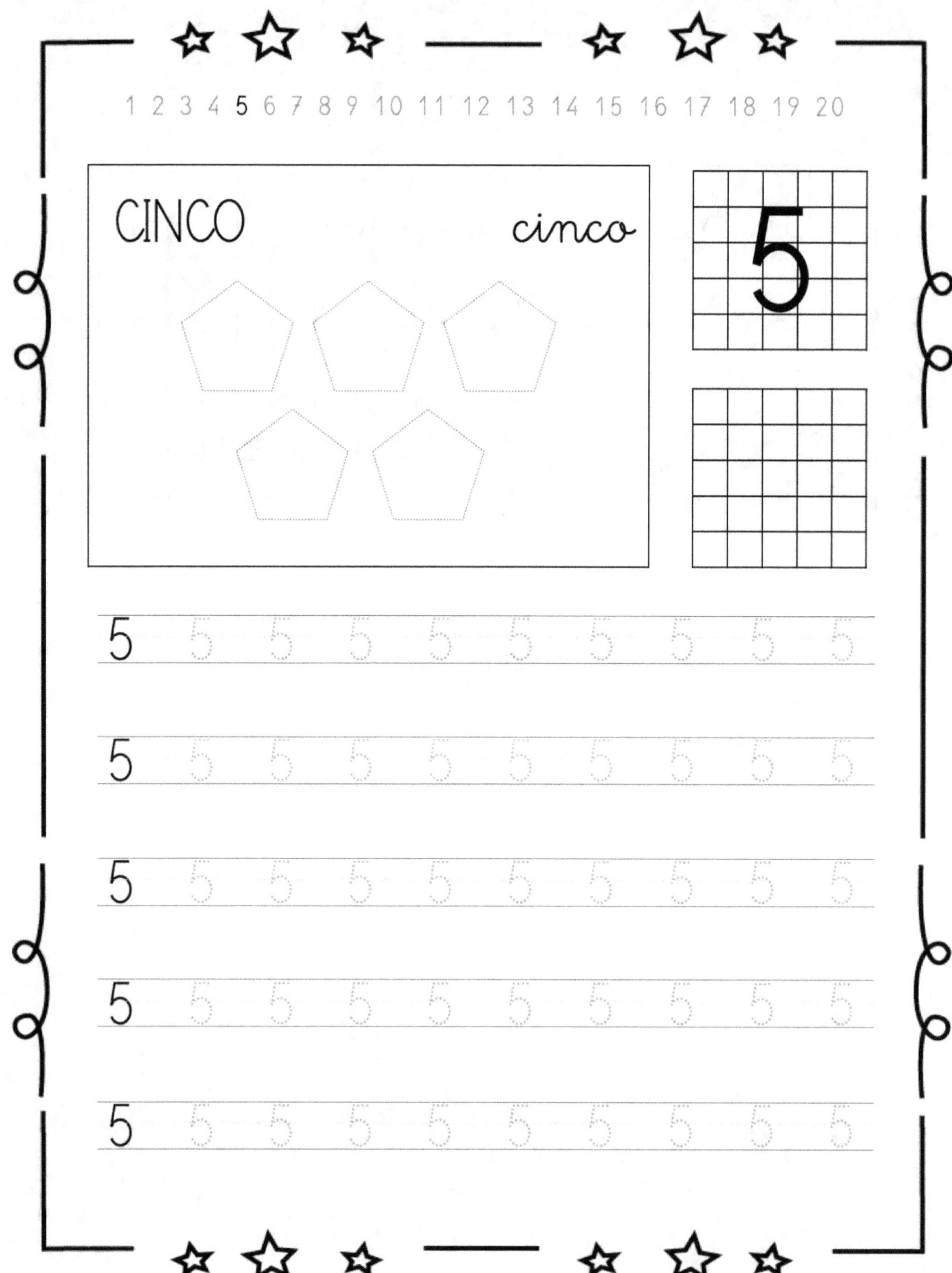

5   5   5   5   5   5   5   5   5   5

5   5   5   5   5   5   5   5   5   5

5   5   5   5   5   5   5   5   5   5

5   5   5   5   5   5   5   5   5   5

5   5   5   5   5   5   5   5   5   5

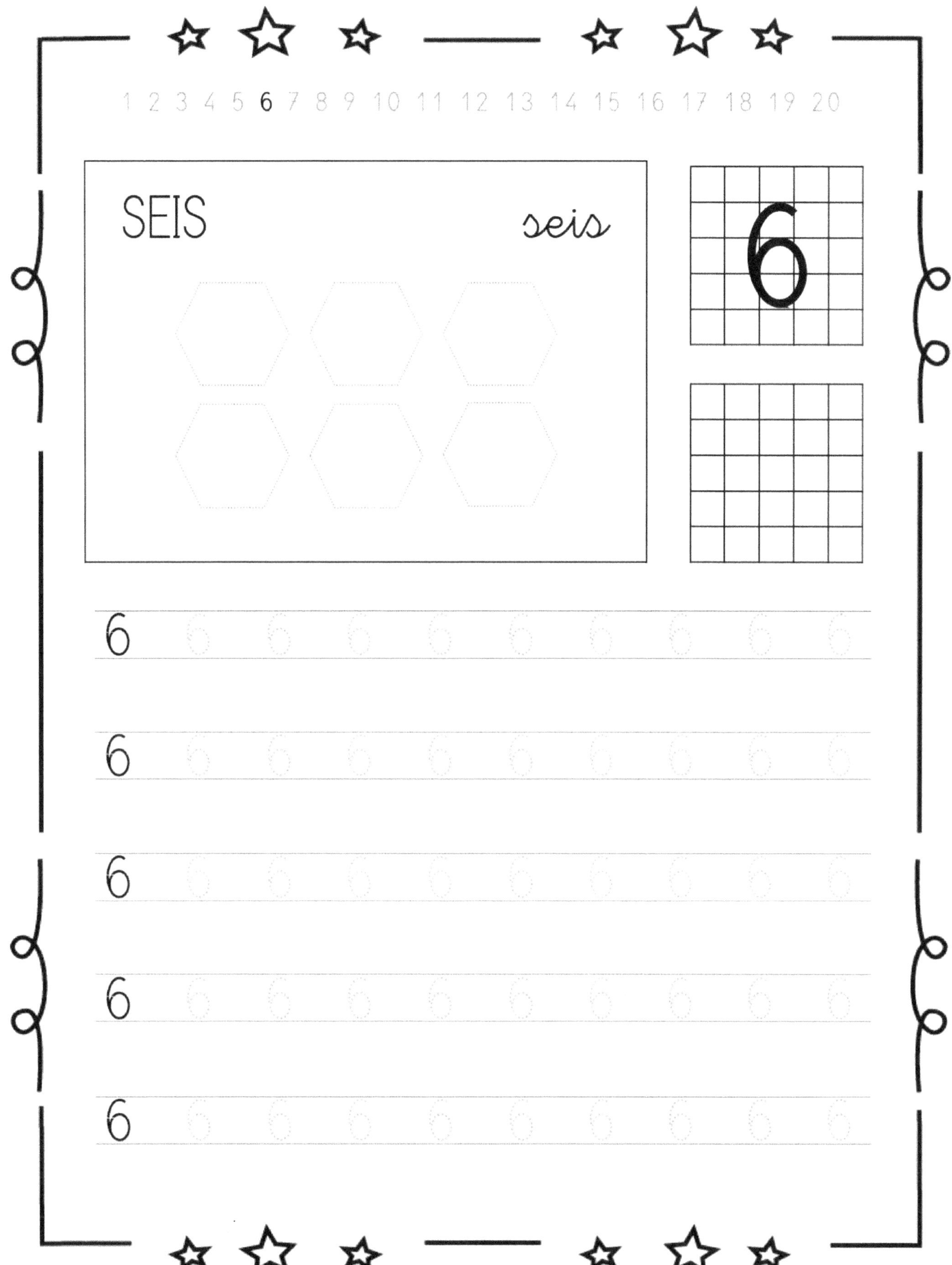

1 2 3 4 5 6 7 8 9 10 11 12 13 14 15 16 17 18 19 20
SEIS
seis
6
6
6
6
6
6

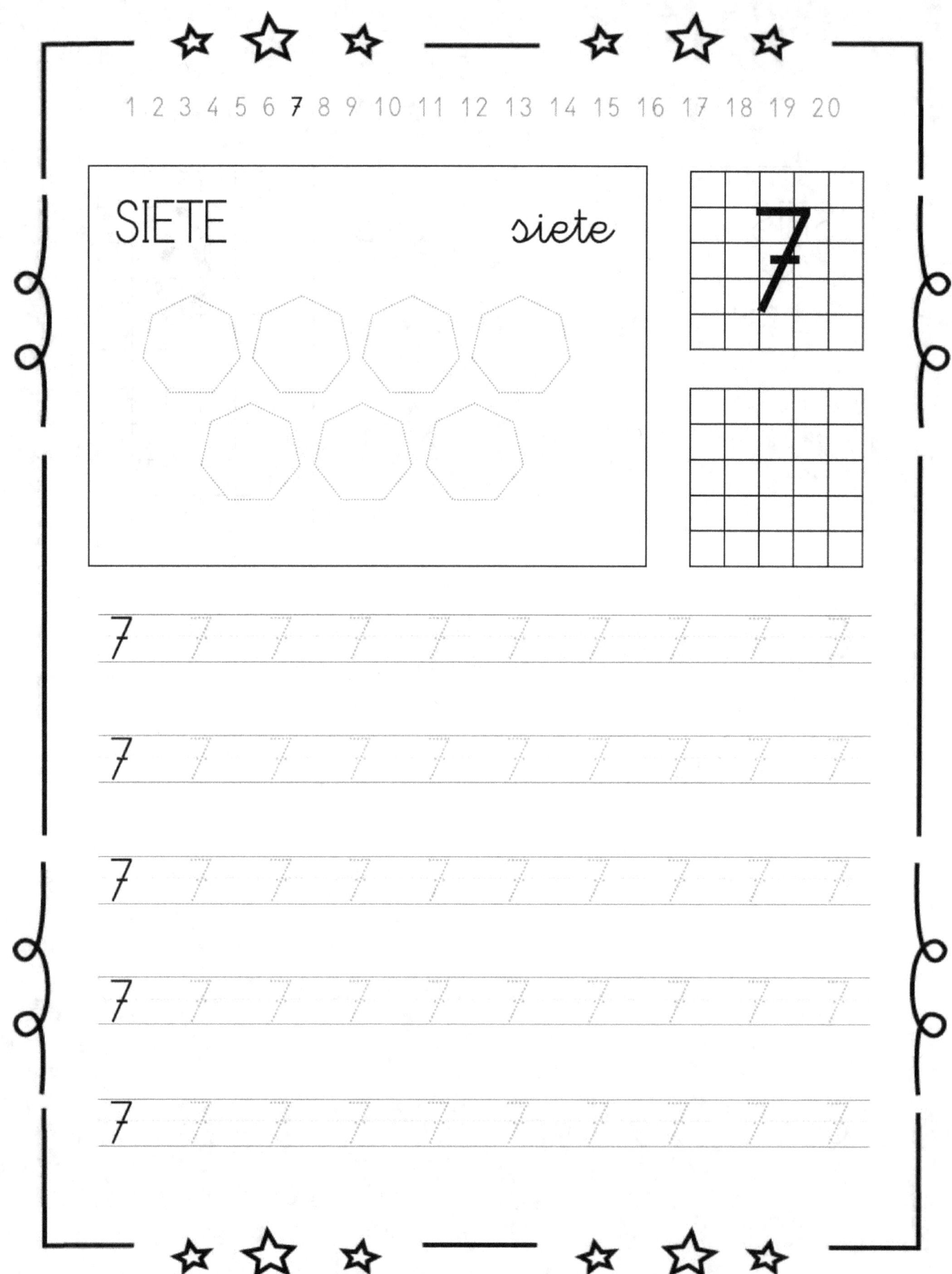

1 2 3 4 5 6 7 8 9 10 11 12 13 14 15 16 17 18 19 20
SIETE
siete
7

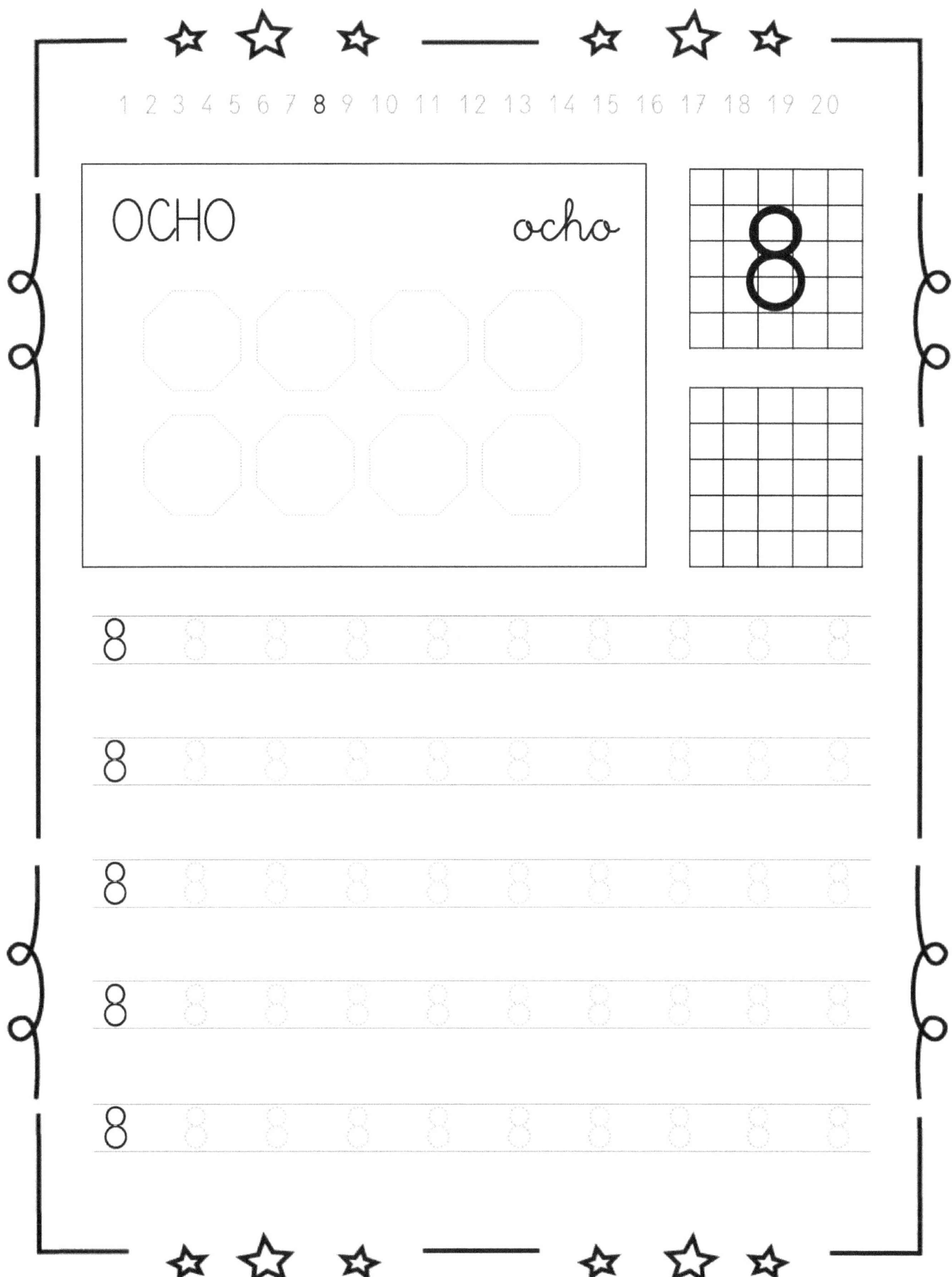

1 2 3 4 5 6 7 8 9 10 11 12 13 14 15 16 17 18 19 20
OCHO
ocho
8
8
8
8
8
8
8

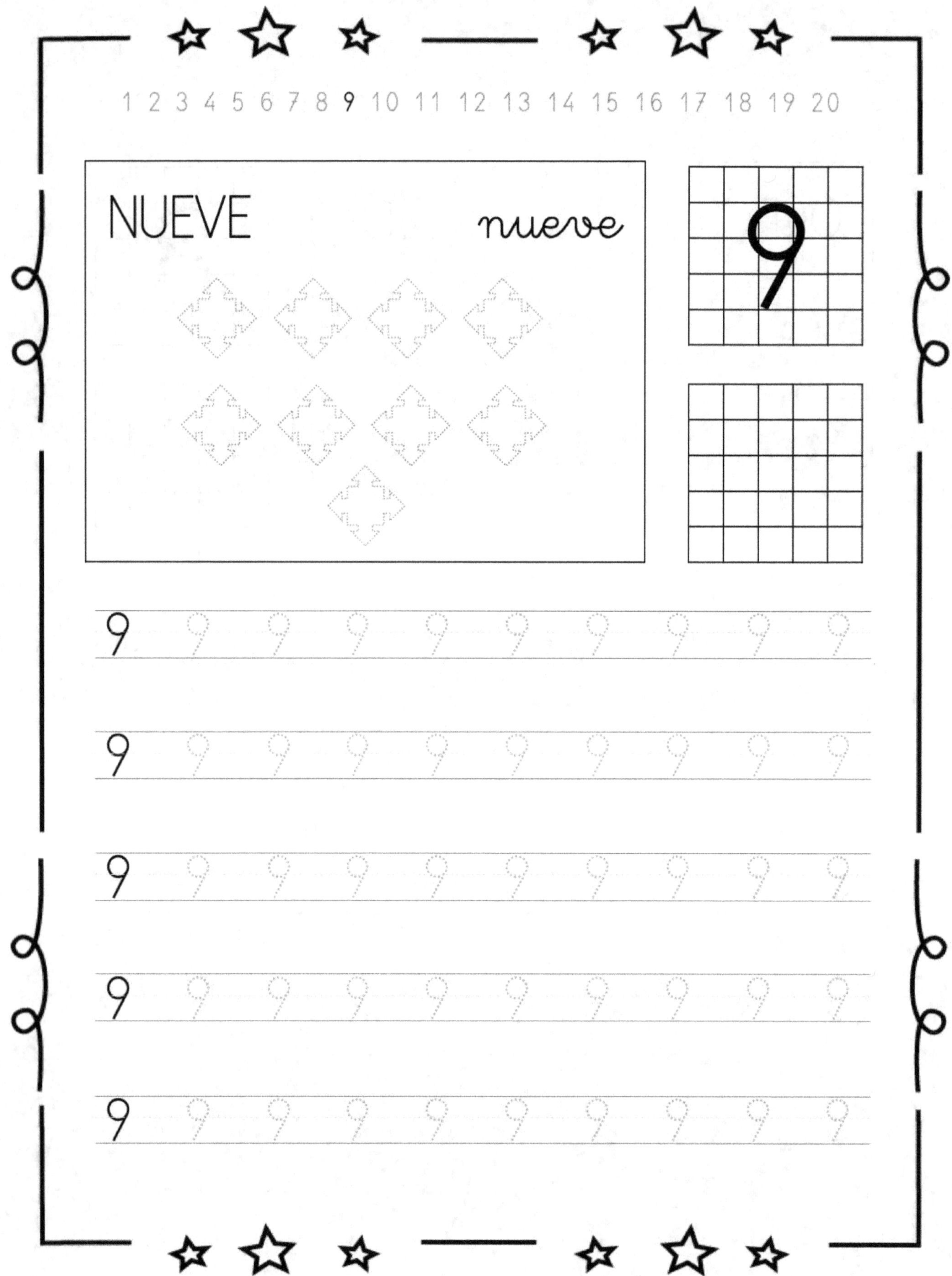

NUEVE

nueve

9

9 9 9 9 9 9 9 9 9 9
9 9 9 9 9 9 9 9 9 9
9 9 9 9 9 9 9 9 9 9
9 9 9 9 9 9 9 9 9 9
9 9 9 9 9 9 9 9 9 9

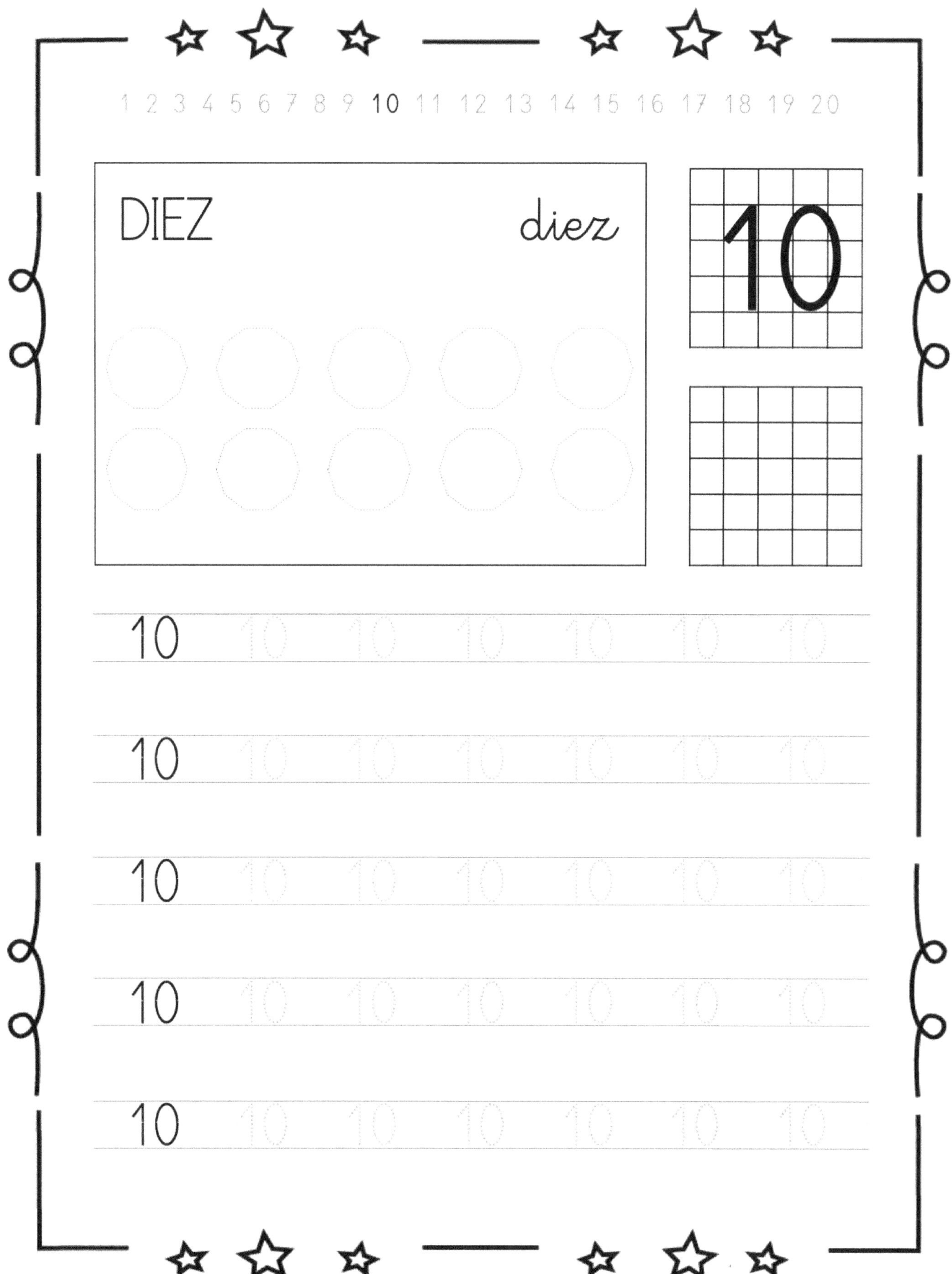

1 2 3 4 5 6 7 8 9 10 11 12 13 14 15 16 17 18 19 20

DIEZ   diez   10

10   10   10   10   10   10   10

10   10   10   10   10   10   10

10   10   10   10   10   10   10

10   10   10   10   10   10   10

10   10   10   10   10   10   10

ONCE
once
11
11
11
11
11
11

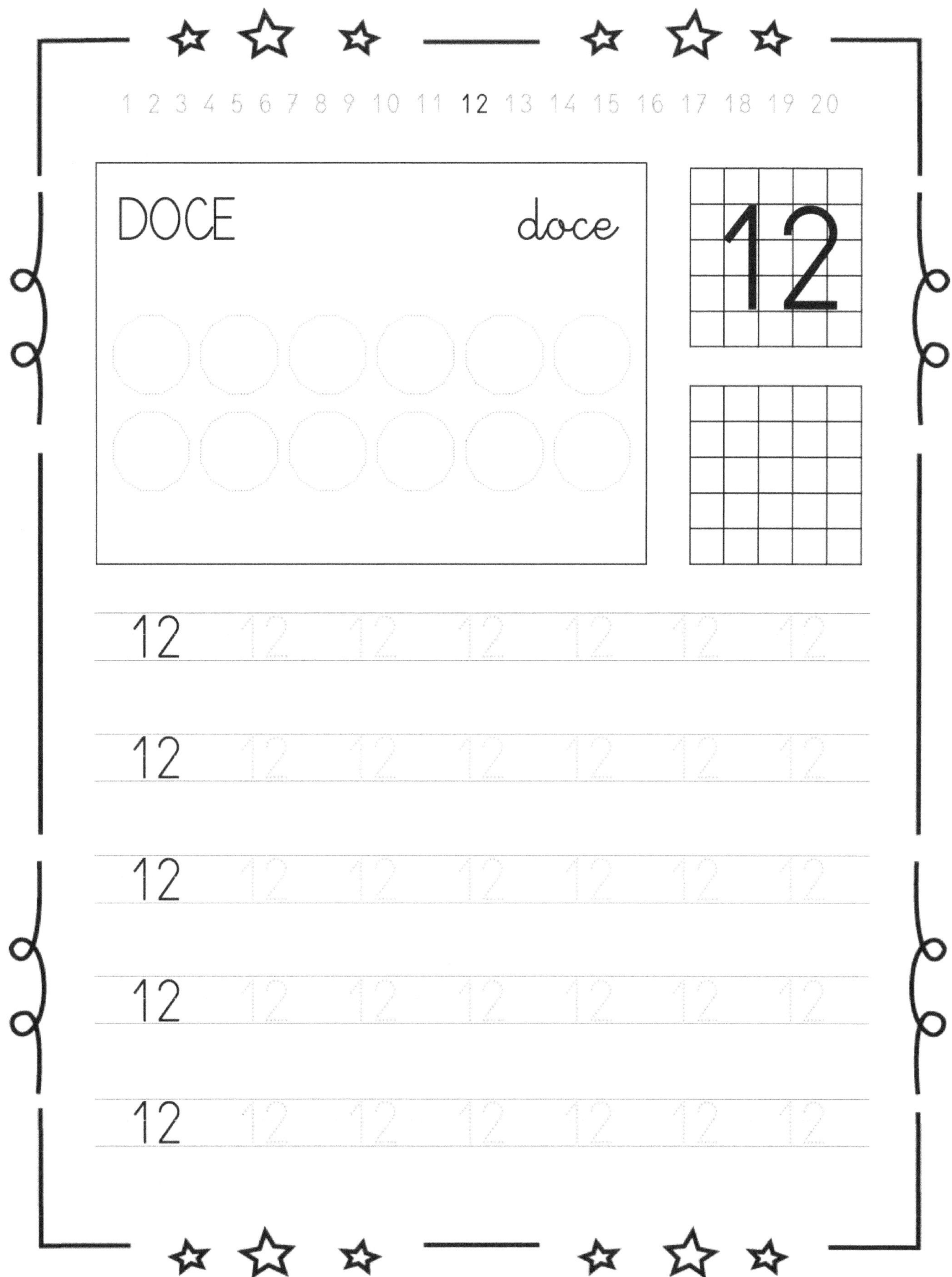

1 2 3 4 5 6 7 8 9 10 11 12 13 14 15 16 17 18 19 20

DOCE   doce

12

12
12
12
12
12

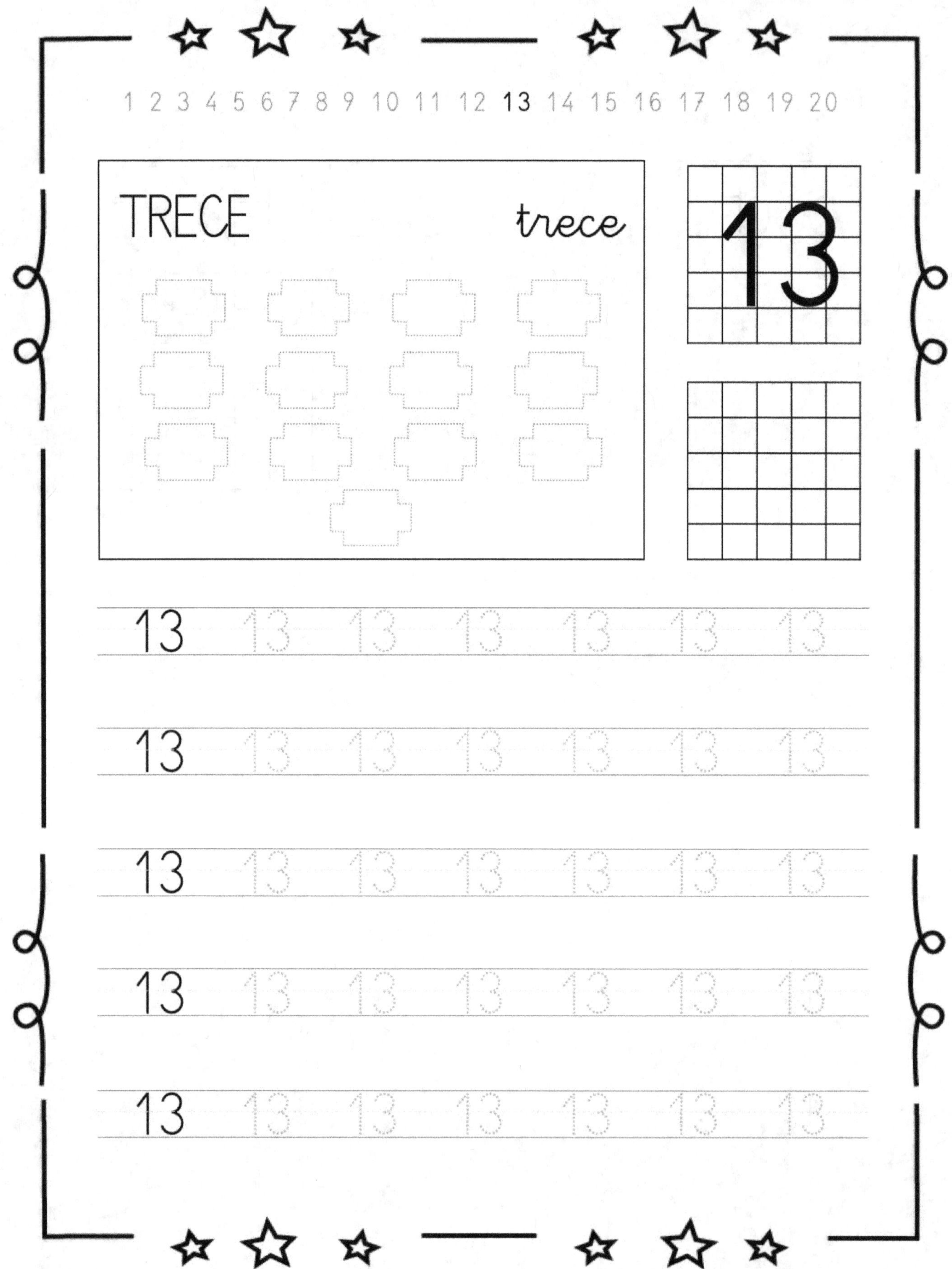

1 2 3 4 5 6 7 8 9 10 11 12 13 14 15 16 17 18 19 20
TRECE
trece
13
13
13
13
13
13

CATORCE

catorce

14

14 14 14 14 14 14 14

14 14 14 14 14 14 14

14 14 14 14 14 14 14

14 14 14 14 14 14 14

14 14 14 14 14 14 14

QUINCE
quince
15
15
15
15
15
15

DIECISÉIS *dieciséis*

16

16 16 16 16 16 16 16

16 16 16 16 16 16 16

16 16 16 16 16 16 16

16 16 16 16 16 16 16

16 16 16 16 16 16 16

DIECISIETE   diecisiete
17
17
17
17
17
17

DIECIOCHO *dieciocho*

18

18

18

18

18

18

1 2 3 4 5 6 7 8 9 10 11 12 13 14 15 16 17 18 19 20
DIECINUEVE diecinueve
19
19
19
19
19
19

VEINTE   *veinte*

20

20   20   20   20   20   20   20

20   20   20   20   20   20   20

20   20   20   20   20   20   20

20   20   20   20   20   20   20

20   20   20   20   20   20   20

1 2 3 4 5 6 7 8 9 10 11 12 13 14 15 16 17 18 19 20
1   1
2   2
3   3
4   4
5   5
6   6
7   7
8   8
9   9
10   10

1 2 3 4 5 6 7 8 9 10 11 12 13 14 15 16 17 18 19 20

11
12
13
14
15
16
17
18
19
20

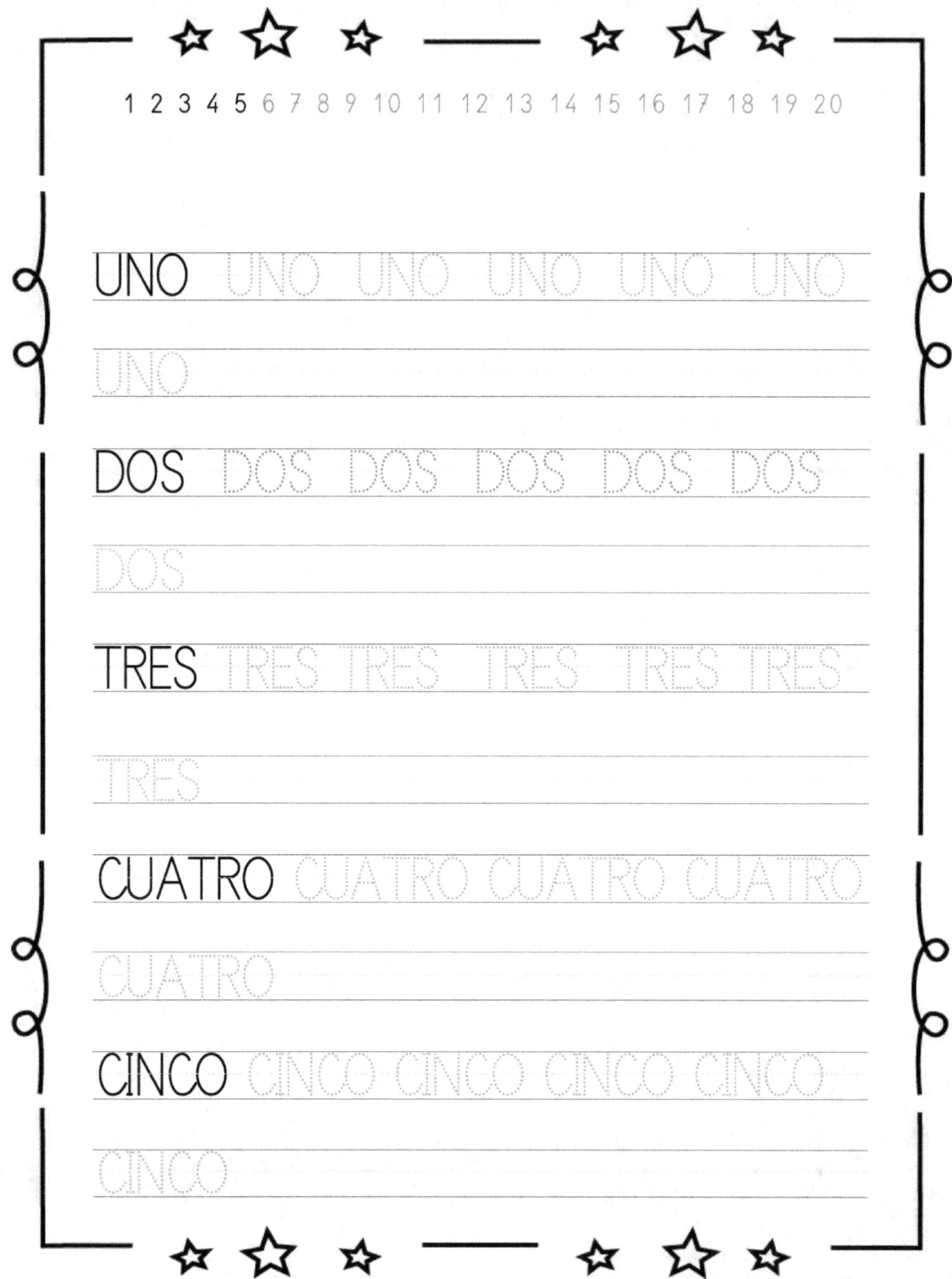

1 2 3 4 5 6 7 8 9 10 11 12 13 14 15 16 17 18 19 20

UNO UNO UNO UNO UNO UNO
UNO

DOS DOS DOS DOS DOS DOS
DOS

TRES TRES TRES TRES TRES TRES
TRES

CUATRO CUATRO CUATRO CUATRO
CUATRO

CINCO CINCO CINCO CINCO CINCO
CINCO

SEIS

SIETE

OCHO

NUEVE

DIEZ

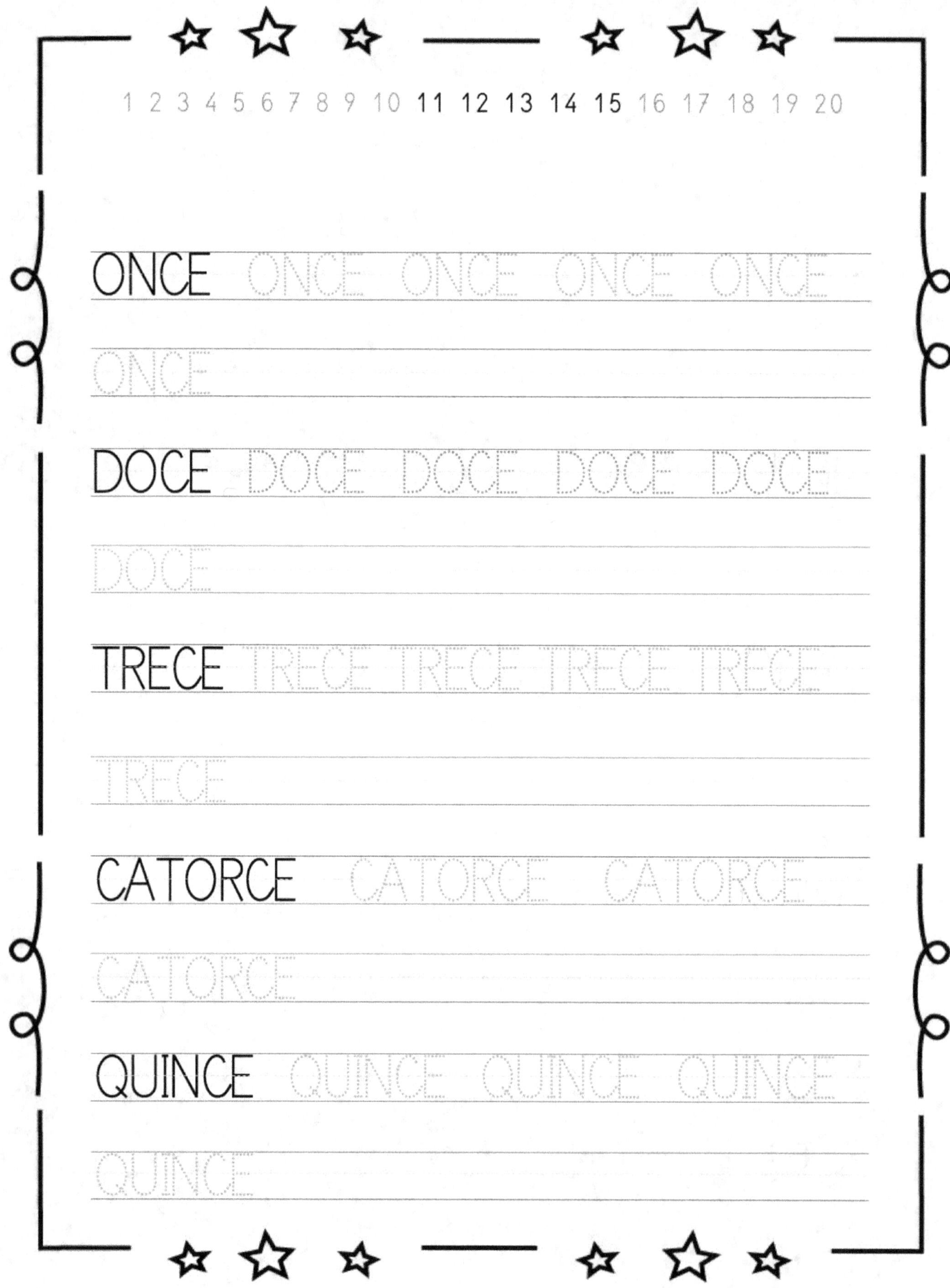

1 2 3 4 5 6 7 8 9 10 11 12 13 14 15 16 17 18 19 20
ONCE ONCE ONCE ONCE ONCE
ONCE
DOCE DOCE DOCE DOCE DOCE
DOCE
TRECE TRECE TRECE TRECE TRECE
TRECE
CATORCE CATORCE CATORCE
CATORCE
QUINCE QUINCE QUINCE QUINCE
QUINCE

DIECISÉIS

DIECISITE

DIECIOCHO

DIECINUEVE

VEINTE

uno uno uno uno uno uno

uno

dos dos dos dos dos dos

dos

tres tres tres tres tres tres

tres

cuatro cuatro cuatro cuatro

cuatro

cinco cinco cinco cinco cinco

cinco

1 2 3 4 5 6 7 8 9 10 11 12 13 14 15 16 17 18 19 20

seis

siete

ocho

nueve

diez

once   once   once   once   once

once

doce   doce   doce   doce   doce

doce

trece   trece   trece   trece   trece

trece

catorce   catorce   catorce   catorce

catorce

quince   quince   quince   quince

quince

dieciséis

diecisiete

dieciocho

diecinueve

veinte

¡Hasta la próxima!

www.ingramcontent.com/pod-product-compliance
Lightning Source LLC
Chambersburg PA
CBHW060605120726
48002CB00010B/2833